Copyright© 2022 by Literare Books International
Todos os direitos desta edição são reservados à Literare Books International.

Presidente:
Mauricio Sita

Vice-presidente:
Alessandra Ksenhuck

Diretora executiva:
Julyana Rosa

Diretora de projetos:
Gleide Santos

Relacionamento com o cliente:
Claudia Pires

Ilustrações:
Clayton Barbosa Alexandre de Mello

Capa, projeto gráfico e diagramação:
Gabriel Uchima

Revisão:
Rodrigo Rainho

Impressão:
Impressul

Dados Internacionais de Catalogação na Publicação (CIP)
(eDOC BRASIL, Belo Horizonte/MG)

B252c Barile, Sofia.
Cinco passos para ser feliz / Sofia Barile. – São Paulo, SP: Literare Books International, 2022.
14 x 21 cm

ISBN 978-65-86939-40-8

1. Literatura de não-ficção. 2. Autoconhecimento. 3. Felicidade. I. Título.

CDD 158.1

Elaborado por Maurício Amormino Júnior – CRB6/2422

Literare Books International.
Rua Antônio Augusto Covello, 472 – Vila Mariana – São Paulo, SP.
CEP 01550-060
Fone: +55 (0**11) 2659-0968
site: www.literarebooks.com.br
e-mail: literare@literarebooks.com.br

POR QUE UMA MAÇÃ?

Da fome ao desejo, no imaginário humano, a maçã guarda vestígios da Queda do Paraíso à Lei da Gravitação Universal.
Uma maçã azul poderia ser apenas um apelo visual disputando sua atenção?
É uma possibilidade... mas abra(-se), dê uma olhadinha mais de perto nesse recorte.
Uma possibilidade pode ser o que você desejar (até uma impossibilidade).
E desejar? Pode ser um passo para a (in)felicidade?
Por onde seus desejos têm levado você?
Essa maçã é caminho para seu "sistema 'digestório' psicológico".
Prove suas respostas!

AGRADECIMENTOS

A o Deus Pai Universo e sua infinita generosidade.
À vida e sua milagrosa capacidade de regeneração.
Ao amor e seu poder de cura.
À capacidade de crescimento, de ampliar o conhecimento e de aprender a aprender com todos. Todos.

Aos meus pais, meus avós e meu tio José Carlos, por tudo.

Ao irmão Ivan Pereira Santos Junior. Minha eterna gratidão pela "transvaloração dos valores".∞ Pelo primeiro toque desta música: voz.

Ao irmão Dráusio Rogério da Silva, por sua existência e da Rainha que o educou. Pela conexão, pela companhia, pelo cuidado. Pela vida.

Ao irmão Pedro Paulo Silva, por me lembrar do que não posso esquecer. Pelo encontro atemporal. Por tudo que nem sei nomear, inclusive pelo conforto de não me sentir só neste planeta.

Ao amigo Samir Taha, pelo que fica. Mas antes, por me enxergar.

Ao amigo Prof. Dr. Fábio Libório Rocha, pelo conhecimento e por seus olhos de beleza sempre reforçadores.

Ao amigo Pedro Tarla, pelos recados, especialmente o que ainda acompanha *O Pequeno Príncipe*.

Ao amigo Maycon Mello, pelos presentes da presença.

Aos amigos Francis Borges, Jota Jota John, Klinger Branco, Leandro Santos, Lizianne Freitas, Luiz Meirelles, Sandoval Menezes Vieira e Tammy Marinho, por suas valorosas contribuições.

Aos meus Mestres, desde sempre. Não me atreveria a citar todos, muito menos alguns. Contudo, não se pode perder a oportunidade de reforçar a solicitude do Prof. Dr. Luiz Guilherme Guerra aos seus alunos.

A esta Editora.
Aos meus Clientes.
A você, Leitor.
Aos Tios que já li e ainda lerei.
Aos meus Antepassados.
Muito obrigada! 🙏

∞ Do original *Umwertung der Werte*, também traduzido como "tresvaloração dos valores" e "transmutação dos valores". NIETZSCHE, F. W. *Ecce Homo*: como alguém se torna o que é. Tradução: Paulo César de Souza. São Paulo: Companhia das Letras, 1995.

SUMÁRIO

5 PASSOS PARA SER FELIZ (com a ideia de que não são 5 passos) 7

VOCÊ É HUMANO: marcado por uma falta que nunca será satisfeita 9

VOCÊ É HUMANO: esquece que os outros também são 14

VOCÊ É HUMANO: deseja (possuir) 22

VOCÊ É HUMANO: não dá, no máximo empresta,
mas o que deseja MESMO é a troca 30

VOCÊ É HUMANO: tem um "sistema 'digestório' psicológico" 36

VOCÊ É HUMANO pelas relações humanas 41

VOCÊ É HUMANO como qualquer outro: repete o que o reforça 57

VOCÊ É HUMANO, não há escolha:
todas as escolhas estão em todas as escolhas 61

VOCÊ É HUMANO: em algum momento, desejará a imortalidade 65

VOCÊ É HUMANO: distingue preço de valor 68

VOCÊ É HUMANO: a mágica da fórmula 71

VOCÊ É HUMANO: tem seu próprio passo 82

VOCÊ É HUMANO: marcado por uma falta que nunca será satisfeita 97

5 PASSOS PARA SER FELIZ
(com a ideia de que não são 5 passos)

Bons dias!
Você foi atraído até aqui por uma promessa, certo?
Que tal irmos direto ao assunto? 😎
[Parece que hoje é seu dia de sorte, hein! Alguém propõe o caminho da felicidade e ainda encurta a distância!]

1. Conscientize sua falta[1], estabeleça intimidade com ela;
2. Não delegue a nada nem a ninguém a responsabilidade de atendê-la;
3. TROQUE: amplie seu repertório[2] (não só) quando perceber excessos de algo em sua vida (dependências, rotina enfadonha);
4. Sempre comemore suas conquistas, mas use o verbo "ter" com moderação;
5. Monitore a qualidade de seu humor como termômetro de suas relações (consigo mesmo, inclusive).

Agora, você deve estar se perguntando:
— É só isso? 🙄
Não, não acabou, esse é o começo. O que dá acabamento é o sentido, e este precisa ser construído. É o que faremos ao longo desta conversa. Mas a escolha de ler, até o final, é sua.

---

[1] Falta? O que é falta? Algumas interpretações de "falta" podem levar a excessos como: comer demais, beber demais, dormir demais, trabalhar demais, fazer sexo demais. Nesta conversa, você mesmo atualizará suas definições de falta.

[2] Uma espécie de banco de dados, o lugar no qual você guarda todas as suas experiências de vida. Nele, apenas uma pessoa tem permissão para alterações, a qualquer tempo. Adivinha quem é?

Isso mesmo! Pensou que os cinco passos estivessem lááááááááááá no final? Ou diluídos ao longo do texto?

Nã nã ni nã não!

Vou poupar a você de começar a leitura pelas últimas páginas. [De nada!]

Se interessar, prosseguimos. Se não... a amizade continua a mesma. 😊

Bem-vindo a você!

Um beijão! 😘
Sofia

VOCÊ É HUMANO:
marcado por uma falta que nunca será satisfeita

O que isso quer dizer?
Quer dizer que a falta será sua companhia na vida. Ponto.
Falta como companhia na vida?
Sim. Dê uma olhadinha...

Podemos começar imaginando seu primeiro contato com o mundo. Pense comigo: você nasceu; de repente, cadê todo aquele conforto cinco estrelas? Cadê a temperatura amena? Cadê o alimento? De repente, cadê o Paraíso, o lugar que, até então, era só seu?

Você sentiu uma ausência? Poderíamos dizer que seu primeiro contato com o mundo externo foi marcado por uma falta?

Sim, você pode discordar disso. Afinal, quem se lembra, né?

Logo que nasceu, por uma via primitiva (do jeito que dava), você tentou comunicar suas necessidades. Em outras palavras, instintivamente, você chorou.

Alguém, muito importante nesse processo, significou seu choro e ofereceu a você o que (também) instintivamente entendeu que precisava.

Ninguém perguntou a você quem era, o que tinha a oferecer, nem exigiu currículo ou recomendações, apenas o aceitou nos braços e o alimentou. Que sonho, né? ❤

O que você sentiu naquele momento, o modo como sentiu que foi "satisfeito", para além de suas necessidades (ou não), foi registrado de tal forma, com tal profundidade, que marcou sua vida com uma busca incessante.

[Já, já, você compreenderá o porquê das aspas na palavra "satisfeito".]

Depois dessa primeira experiência de "satisfação", você foi demonstrando mais que necessidades fisiológicas. Por exemplo: mesmo após aquecido e alimentado, qual era o seu lugarzinho preferido?

O colo!

Hum-hum! 👍 Supondo possível elegê-lo, esse foi o momento no qual você passou a desejar. Repare que a dimensão biológica ganhou um *plus*. Houve um salto para além da sobrevivência, sua dimensão psicossocial ganhou o mundo para se expressar.

Ok, Sofia. Para que serve isso?

Para distinguir sobreviver de viver. Interessa? Se sim, venha comigo! 😎

Tá, quero ver onde isso vai dar.

A partir de então, a natureza dessa busca o moverá até o dia de sua morte. Faz sentido?

Nem tanto.

Pensando bem, você tem razão, haverá sofisticação pelo caminho [é o esperado!].

Que tal um exemplo?

Claro! Pense na fome. Agora, pense no desejo de comer algo específico.

A fome é urgente, busca a sobrevivência. O desejo de comer é sofisticado, exigente. Fome você atende com qualquer coisa; desejo de comer, não.

A urgência da fome você atende até contrariando o paladar, mas... o capricho do desejo de comer tem, no paladar, projeção e idealização dirigidas a uma falta (para além do fisiológico).

Nossa! Aqui, pareceu que comer já independe de fome. Você também teve essa impressão? Seria esse o sentido de, um dia, ter continuado a mamar, mesmo depois de já estar (fisiologicamente) alimentado?

Será que, em algum momento, o bebê apela para o que aprendeu que será atendido (fome), só para ganhar o que não ganharia se apenas pedisse? [Por exemplo: chora para ganhar o peito, mas não mama; porém insiste em permanecer no colo, fazendo chamego.]

Mas a criança saberia pedir?

Boa! Traga isso para o hoje. Quantos desejos você expressa por caminhos indiretos? Será que está consciente disso ou será que não alcança o que deseja porque "não sabe" (pedir) o que deseja?

Assim, eu poderia ser manipulado por meus próprios desejos! Isso é possível?

Alguma vez já programou, até ensaiou, mas na hora H fez exatamente aquilo que o levou a programar, para não o fazer?

Sim.

Bem... você é o que deseja. Por que manipularia a si mesmo? Há uma disputa?

Não, eu não sou, não. Eu não desejo ser como sou.

Espere! O sentido da frase é outro: você é o que deseja, já que seus desejos são expressos em suas escolhas, as quais constroem sua história (você).

Quanto a ser manipulado pelos próprios desejos, primeiro eles teriam de ser seus (risos) e... muito do que deseja (ser) deseja(ra)m de você. O que dá para afirmar é: quanto mais se conhecer, menores as surpresas indesejáveis.

Ah, tá... só preciso me conhecer (sarcasmo).

Sim. É o que propõe o primeiro passo. 😊 Retomando... até a sua morte, no sentido de que aquela mesma "satisfação" não se repetirá, mas apenas o moverá na fantasia de reencontrá-la.

Não se repetirá? 😮

Não.

Por quê?

Primeiro, porque você já não cabe mais no colo de sua mãe. Segundo, ainda que coubesse, já não é mais o mesmo (seu repertório é muito maior), portanto, a experiência seria outra. O terceiro ponto que enxergo vem dos efeitos do uso contínuo das drogas[3]: tolerância.

Achei que estivesse brincando, mas até que faz sentido.

A questão é: não adianta aumentar a dose da droga, o primeiro prazer que você experimentou com ela ficou lá, na primeira vez em que a experimentou. Não se repetirá da mesma forma.

Se sei que não se repetirá, por qual motivo eu a buscaria? Dã. 🙄

Você sabe (que sabe)? De qualquer forma, buscar prazer é Lei, da qual o instinto não escapa. A princípio, isso pode soar meio cruel (confesso que também me soa assim), mas é o que é. Apresento seu lado primitivo. Desejo que tenham prazer em se conhecerem, caso contrário, pode ser dolorido. ☹

Ah! Dê uma boa notícia, vá!

Humm... Seus braços crescem junto com sua autonomia. Quanto mais você não cabe no colo de sua mãe, mais sua mãe cabe em seu abraço. Até o dia em que ela caberá em seu colo.

Poderíamos chamar isso de trocas. Em contraponto às trocas, há o vício, no qual a relação é de dependência, (des)controle, muito diferente de troca. Falaremos bastante a respeito.

Ah, estava ficando bom! Sou aquele que se interessou pelo subtítulo, mas... que tal um *spoiler*? 😊

Ok, vamos arriscar um pouquinho. O que temos a perder, né?

É!

Falta é espaço para trocas. Trocas são vias com o propósito de ampliar o horizonte da falta (ter outra visão dela). O vício compromete as trocas porque a via atinge a (in)tolerância: não há mais o consumo de um "bem" renovável, mas a consumição por sua ausência.

Espere! Olhe só para isso: "busca incessante até a morte"! Não parece um vício?

---

3 Vamos considerar "droga" uma definição genérica para algo com efeito viciante (sobre você). Pelo decréscimo da intensidade desse efeito (tolerância), no uso contínuo, vem o apelo a doses cada vez mais altas. Do consumo à consumição, a culpa da overdose é da tolerância.

Parece mesmo (risos). Talvez só não o seja enquanto não (se) limita. Trocas caminham para o desenvolvimento; vício caminha para o esgotamento.

O vício esgota-se porque a tolerância à "droga" limita o prazer, fato que desencadeia a intolerância expressa no mau humor, o qual limita as trocas e, consequentemente, o repertório, instalando-se a miséria psíquica.

As possibilidades de trocas são infinitas, ainda que na finitude dos objetos[4]. Os objetos são finitos, as possibilidades de trocas entre eles não, porém são sujeitas ao momento de cada um, o qual nunca se repete.

Isso não foi um *spoiler*, foi uma resenha!

Vixe, me empolguei!

Tudo bem, ainda estou respirando. 😎 Um dia, volto aqui.

Se fizer sentido, voltará. Vamos construí-lo juntos? 🤜🤛

Tá, melhor um passinho de cada vez mesmo.

Sim, senão nos atropelamos (risos).

---

[4] Objetos animados: têm vida. Objetos inanimados: não têm vida. Na maior parte da conversa, a palavra "objeto" não fará distinção entre animados e inanimados. Sinta-se livre para percebê-la como melhor identificar no contexto.

VOCÊ É HUMANO:
esquece que os outros também são

Se você não tiver consciência da falta como companhia na vida, cometerá alguns excessos. Porém quantidades maiores do que não deseja não suprirão a qualidade do que deseja.

A falta é uma súplica por qualidade. Se quantidade "curasse" falta, não haveria adictos. Você não deseja aquela "droga", mas o prazer que um dia experimentou com ela e nunca mais experimentará (da mesma forma) com ela, lembra?

Por isso, a consciência da falta pode ser um atalho entre você e o que deseja, sem o labirinto do vício.

Ah, Sofia, isso parece óbvio! 🙄

Ótimo! Quando o óbvio salta aos olhos, podemos chamar de *insight*. Parabéns! Estamos indo bem!

Entretanto, sem impor consciência à falta, não consegue expressar o que deseja, joga para o mundo a responsabilidade de "adivinhar". Como sua mãe adivinhava, lembra?

Você chorava (forma que tinha de se comunicar) e ela discernia o que era choro de fome do que era choro de dor ou de manha [tá, já sei que não lembra, mas preciso cutucar você].

E hoje em dia? Como você faz? Continua chorando e fazendo birra?

(Risos).

Humm... Você riu! Ainda assim, vou supor que sua resposta foi "não". Afinal, não adianta fingir demência e jogar todas as expectativas (de preencher a falta) no próximo relacionamento, seja ele amoroso, profissional, familiar, de amizade, casual funcional ou mesmo higiênico.

Casual funcional? Higiênico?

Sim. Uma relação casual funcional: alguém que passa, casualmente, por sua vida com finalidade específica; na maioria das vezes, com data de validade curta.

[Se você pensou em "casual funcional" como atributo de relacionamento amoroso, profissional, familiar ou de amizade, tudo bem, você é humano.]

Um bom exemplo seria a relação com o atendente de telemarketing. Normalmente, não passa de casual funcional: tem finalidade e data de validade bem determinadas. Um tanto diferente da relação com o porteiro do seu prédio, a qual, por sua vez, é bem diferente da relação com sua mãe.

E higiênico? Que raios é um relacionamento higiênico?

O próprio nome já diz, é autoexplicativo: não precisa cuidar, só usar.

Casual funcional e higiênico são bem parecidos, né? Qual a diferença?

De certa forma, são. O higiênico é o casual funcional que, por descuido, deixou de ser casual, mas não alcançou o cuidado.

Isso é funcional?

Pode ser funcional, não necessariamente saudável.

Voltando... Não adianta fingir demência e jogar todas as expectativas (de preencher a falta) no próximo relacionamento: o outro também é humano; quando esquece disso, exige dele o que nem você mesmo faz por si.

Daí, a necessidade de ser íntimo de sua própria falta. Caso contrário, o outro terá não só a impossível missão de "satisfazê-la", mas antes adivinhá-la.

Ah, já ia me esquecendo! Há casos em que você poderá deslocar sua falta para aquisições materiais. É! Sair comprando até o que já sabe que não precisa, mas, ainda assim, o compra. De novo, cairá nos excessos.

Humm... Vícios. Estou aqui, pensando nos meus.

Bem, se não dá para extinguir a falta, melhor aprender a conviver com ela, em vez de esperar que algo ou alguém a preencha. Não acha?

Eu acho que está meio confuso. ☹

Tive uma ideia! Talvez facilite as coisas! Vejamos... Uma vez fora da barriga da mãe, você experimentou sensações desconhecidas, até então. Vamos pegar uma dessas sensações: um desconforto generalizado, um misto que, hoje, talvez você chamaria de fome. Porém, naquele momento, não era capaz de nomear. Hoje, sim.

Fome! Que tal usarmos a palavra "fome" para representar a falta? Vamos alternando entre o que encaixar melhor.

Boa! Soa mais familiar.

Ótimo! Se sua última refeição foi uma experiência prazerosa, aumentou a probabilidade não só de repeti-la, mas de comer o que prometa repetir tal prazer, independentemente de fome.

Humm... Só de lembrar já dá água na boca!

Talvez dê um pouquinho mais do que isso. Para além de atender à fome, você busca o prazer da "satisfação". Por exemplo: o sabor, o cheiro, a forma, sua história com a receita, a reunião à mesa, o conforto das saudades; e por que não cozinhar para despertar tudo isso no outro? A propósito, você come sem fome? 🤔

Quem não come?

A vontade de comer traduz isso. Nem sempre você "mata" a fome (morte), simplesmente alimenta a vida. Muitas vezes, o que chama de fome não é (só) de comida, assim como a falta não é do objeto, mas do que você experimentou com ele e busca repetir [inclusive comendo].

Consequentemente, qualquer que seja o objeto eleito para tal busca, saiba que tudo o que parece prometer, bem como o fato de você acreditar, está mais ligado à sua história de "satisfação" do que à singularidade desse objeto.

A busca incessante, até a morte, é pela "satisfação" experienciada lá no comecinho de sua história (para além do fisiológico), a qual veio acompanhada de uma voz, um cheiro, um toque, um olhar, um colo, e foi regada ao que alimenta a vida: desejo.

Assim, você deseja ser desejado; para tanto, ser. Do jeitinho que "foi" (em) sua primeira experiência de "satisfação" [busca repetir justamente porque nunca mais se repetirá da mesma forma].

Dessa maneira, dizer que terá a fome como companhia na vida seria equivalente a dizer que terá a falta como companhia na vida.

Por quê?

Porque tal como sempre voltará a comer por fome (ou não), você voltará a desejar por falta. Ou seja, sempre haverá outro desejo (para preencher a falta) novinho em folha, ainda que tenha acabado de "satisfazer" [5] um ou, principalmente, por esse motivo [na realidade, o objeto é de desejo, não de satisfação].

Logo, enquanto vivo, desejará. Se essa não parecer uma boa notícia, pelo menos você já sabe como se sentir vivo. 😎

Se não sabe, eu conto: deseje. Só não esqueça de realizar. Ah! Quando realizar, comemore [sim, realizar também o lembrará de que está vivo, mas antes desejará].

Detalhe: invariavelmente, desejará o que não "tem". Isso você já deve ter percebido, né? [O verbo ter, aqui, tem sentido figurado – já, já, falaremos sobre a posse.]

Percebi mais vezes do que gostaria, Sofia. Qual o sentido disso? Se era tão forte o desejo de ter, por que vai enfraquecendo, depois que tenho?

[Talvez a pergunta não seja "por que vai enfraquecendo, depois que tenho?", mas sim "de onde tiro a ideia de que tenho (a posse)"?]

Sendo bem reducionista, a lógica seria: se busca repetir algo que não se repetirá, haverá frustração e consequente enfraquecimento do desejo. Até que eleja outro objeto, em cuja promessa de "satisfação" você acredite [quem decide quando um objeto é outro e não mais (d)o mesmo são seus olhos].

Isso parece que não tem saída!

Mais ou menos. Pode-se dar asas à imaginação dos repertórios. Para isso servem as trocas. Se trocas fossem possibilidades

---

5 Por que as aspas? Assim como matar a fome, satisfazer ou mesmo preencher a falta são apenas modos de falar. Na prática, o máximo que você consegue é atender à sua busca, já que a falta nunca será totalmente satisfeita. Igualzinho à fome: você come com a pretensão de não sentir mais fome?

de voos cada vez mais altos, enriquecer repertório ampliaria a envergadura das asas. Vamos voar?
Para onde?
Para lugares à altura de seu tamanho.
Gostei! 😊 Eu quero!
A propósito... enfraquecer é uma ótima palavra! Sério! Vamos guardar "enfraquecer" como oposto de "reforçar", tá?
Tá, mas para que serve isso?
Resumindo um universo à uma cabeça de alfinete, podemos dizer que seus comportamentos produzem consequências no mundo. Há consequências que o levam a repetir comportamentos, outras nem tanto.
Até aqui, sem novidades!
Quando as consequências de um comportamento aumentam a probabilidade de repeti-lo, elas são reforçadoras para você. Assim, reforço é aquilo que não enfraquece um determinado comportamento, ao contrário, o fortalece[II].

Por exemplo: toda vez que seu filho pede um doce fazendo birra, não o recebe. Porém, há um determinado jeitinho com o qual ele já percebeu que consegue conquistar o doce de você. Supondo que ele deseje o doce, na sua opinião, qual estratégia tem maior probabilidade de se repetir?
Aquela pela qual ele ganha o doce.
Sim. Porque o doce é uma consequência reforçadora para ele. Talvez não o seja com tamanha intensidade, se já tiver ganho doce no mesmo dia; talvez com ainda mais intensidade, se estiver privado de doce por algumas semanas.
Faz sentido.
Retomando a outra metade de sua pergunta... Desejo é algo bem complexo. Não à toa, inspirou teorias muito bem elaboradas que o cercaram de vários conceitos para dar conta de tentar explicá-lo.
Conseguiram?
Bem, o desejo de explicar o desejo não deixa de ser um desejo, né? Será que consegue ser satisfeito? ¯_(ツ)_/¯

Como não temos essa pretensão, que tal continuarmos a conversar com o desejo informalmente? Podemos apenas acrescentar ao seu repertório a hipótese de que o desejo também fala da busca por repetir a primeira experiência de "satisfação" (lá do seu nascimento), assim ficamos à vontade para abusar da imprecisão inofensiva, já que nos estenderemos até o sem-limite de nossos horizontes.

Ah, simplificando para mim, está ótimo!

Ok. A falta nunca será totalmente satisfeita. Ponto. Entre o momento em que duvida disso e o momento em que volta a acreditar, você vive. No restante do tempo, apenas morre. Enquanto vivo, desejará; invariavelmente, desejará o que não "tem".

A isso, acrescente os efeitos da privação e da tolerância. De qualquer forma, enquanto já tem o objeto como "seu", como manter o desejo (de buscar sua "posse")?

Humm... Temos um exemplo?

Temos dois! Seu prato preferido é a lasanha de sua mãe. Sua mãe mora longe. O efeito da lasanha sobre você seria o mesmo se a comesse todos os dias, em vez de duas vezes ao ano, quando a visita?

Segundo exemplo. Você morava a centenas de quilômetros da praia. Só encontrava o mar nas férias. Mudou-se para o litoral. Por quanto tempo a praia conservará seu desejo tão fervoroso por ela? Será que a disponibilidade manterá seu interesse com a mesma força da privação? Será que alguma nova variável poderia incrementá-la? Talvez a disponibilidade dessa praia desperte desejo, sim, mas de buscar por outras.

Quando vive a (ilusão da) posse de algo, você entende que esse algo não faltará (salvo se perdê-lo). Se não falta, enfraquece o desejo por ele. Eis a perfeição do desejo!

Perfeição?! Não vejo perfeição nisso! ☹

A perfeição do desejo não está em encontrá-la, mas em buscá-la (manter a vida em movimento). Se você encontrasse a perfeição, estagnaria (morte). Para um terráqueo, isso infringiria a lei primeira: o instinto de preservação da (própria) vida.

Porém, cada vez que algo promete preencher sua falta, você faz uma aproximação do que idealiza como perfeição, ou seja, é reforçado (e não enfraquecido) a acreditar em sua busca.

Isso parece maldição: para manter a vida, busco pelo que não posso encontrar, caso contrário, morro!

Sim! Assim como suicídio pode ser legítima defesa, já que gente não se mata, gente tenta matar a morte de si.

Ah, isso não faz muito sentido não, Sofia.

Em muito do que você faz, parece que não há sentido, mas o que não há é a consciência do sentido que tem. Ele está lá, você só não o enxerga (naquele momento). Seja lá o que for, você só o faz por conta de haver um sentido e repetirá fazendo-o, ao menos até enxergá-lo.

De qualquer forma, eu tenho um antídoto para o que você chamou de maldição.

Ah, fala logo!

A beleza.

Ah! Isso é sutil demais!

É? E quão substancial é a perfeição?! Aos meus olhos, a sutileza é escandalosa, é como todo aquele barulho que o brilho da Lua (não) faz dentro de alguns.

Perfeição é a beleza das belezas, a beleza intangível (ao menos, ao humano). Porém, a cada encontro com a beleza, você é reforçado a buscar encontro com a perfeição.

De novo essa maluquice de buscar o que sei que não alcançarei? ☹ Isso está parecendo outro vício (risos)!

Humm... O vício da beleza! Um vício que amplia repertório? Nossa, isso seria a perfeição! Ou melhor, a perfeição seria a overdose (risos)? Interessante! Só pensei alto, vou deixar de lição de casa para mim. ❤

Mas não mude de assunto, não... É isso mesmo que você escutou. Sei que não é a primeira vez que escuta (ainda que sutilmente) a beleza. "A beleza está nos olhos de quem a vê" (dito popular), portanto, nunca é a mesma. Assim, sempre levará a uma nova experiência. É de onde transborda um novo lugar, com a missão de acolher algo maior do que já se conheceu, até então.

A beleza revela o poder da amplidão sobre espaços que não se sentem vazios (existenciais), mas no aguardo de algo que manifeste seu tamanho: a perfeição. Sim, aquela mesma que não pode ser alcançada, por sua letalidade (já que propõe a vida).

Talvez seja esse o grande indicador da condição humana: o olhar sobre o próprio olhar como termômetro das relações. Eis a consciência do ser: enxergar a perfeição como sentido, não como destino.

Ok, só não entendi bem o que é beleza.

A beleza tem um exato ponto de percepção de sua exuberância num dado momento do espaço-tempo.

Imagine-se numa janela de avião. Cada *frame*, uma pintura. Como fazer a viagem esperar por alguém para compartilhar aquela obra de arte no seu tempo? E eu, como poderia descrevê-la?! Com palavras?!

Você está me enrolando...

Não (risos)! A beleza é poética. O que há para esclarecer na poesia? Mais fácil fazer rir explicando uma piada!

Você não explica uma poesia, descreve seu encontro com ela. Ou quem sabe, seu encontro consigo mesmo, na leitura dela. A cada encontro, arrisca-se em uma nova leitura de si.

Tudo bem, não estou com pressa. 😊

Ah, por que não disse isso antes (risos)? Beleza admite muitas definições, inclusive materiais. É um *insight* difícil de "racionalizar", é percepção momentânea no tempo de cada um. Descrevê-la seria como fotografar a eternidade. Claro que isso não nos impede de tentar! 😊

Tá, então tenta!

A beleza da qual falo é *poiesis*, é a escolha de se lançar na incompreensão do mundo, em vez de temê-la. É o que não ataca, portanto não exige defesa. Se parece não pedir licença, é pelo simples fato de que foi convidada a entrar. É consensual porque é (belo) pelo olhar de seu observador, portanto não é uma invasão, mas um alcance desejado.

A beleza é (d)o que não se apossa. Ao escapar da ilusão da posse, mantém(-se) o desejo. [Silêncio.]

VOCÊ É HUMANO:
deseja (possuir)

A falta é, no mínimo, desconfortável. Assim, quando algo promete preenchê-la, conforta, é (percebido como) bom. Se é bom, dá medinho de perder, né?

Por que "percebido como bom" e não apenas "bom"?

Porque algo bom para você pode não ser bom para o outro, uma vez que ambos têm percepções diferentes do mundo. Aliás, você mesmo pode ter percepções diferentes de um mesmo mundo em diferentes momentos da vida.

Faz sentido. Vem cá, que tal usar "bom" ao invés de "reforçador"? Facilitaria a conversa (risos), não acha?

Humm... Você tocou num ponto muito importante! Se a consequência de seu comportamento o estimula a repeti-lo, é sinal de que foi reforçadora.

Sim, foi "bom".

Esse é o ponto: ser reforçador não necessariamente pressupõe uma consequência "boa"; às vezes, apenas livra de uma consequência "não boa", digamos assim. O "bom" é reforçador, mas o reforçador pode ser apenas a retirada do "não bom"[II].

Escapar não deixa de ser "bom", né?

Pois é... por isso, inclusive, é muito importante não perder essa diferença de vista. Veja: foi reforçador, mas de que natureza de reforço estamos falando? Daquela que acrescenta algo desejável ou retira algo indesejável? Há um sutil abismo entre o prazer de fazer acontecer e o alívio por se livrar de que aconteça.

Por exemplo: você estudou para o exame para não repetir o ano letivo; fez o que o chefe pediu para não ser demitido.

Agora, de outra forma: estudou pela aquisição do conhecimento que pretende lecionar após se graduar; fez o que o chefe pediu porque tem orgulho de contribuir para o trabalho.

Com a ideia de que não são 5 passos

Repare, ambas as naturezas reforçam a repetição do comportamento. Uma por sobrevivência, nos moldes da época em que o humano vivia sob ameaça constante de seus predadores, fato que tornou possível chegarmos até aqui. Já a outra, pelo que talvez o diferencie de seus predadores.

Precisa cuidar dessa distinção porque, de tão (pré)ocupado com a esquiva das consequências, você corre o risco de confundir o mundo com um lugar que só exige. Pior: que nunca está satisfeito (risos). Sob a iminência da próxima exigência, convive com a sensação de que há sempre algo por fazer, faz da falta uma dívida.

Humm... Eu sabia! Esse reforço tem um lado negativo! Sabe o que ele faz? Aumenta a probabilidade de eu me preocupar com o alívio e me desocupar do prazer. ☹

Ri alto aqui! Tem razão, é uma espécie de reforço negativo: também contribui para a repetição do comportamento, porém você age para que algo não aconteça, seja esquivando-se antes ou fugindo depois de isso se apresentar.

Em outras palavras, nem sempre o que mantém um comportamento é a exposição ao desejável, pode ser apenas o livrar-se do indesejável. Para facilitar nossa conversa, podemos combinar "bom" como uma consequência reforçadora, sim, porém aquela que expõe a algo desejável, uma espécie de reforço positivo.

Tá combinado!

Retomando... Se é bom, dá medinho de perder, né?

Ah, quem gosta de perder, Sofia? Imagine se for algo bom!

O medo da perda pressupõe uma ilusão de posse, já que você só pode perder o que acha que tem.

Tá, e aí?

Aí, você vive a ilusão da posse até a próxima perda.

A perda da posse (que você nem tinha).

A falta.

O espaço que fica.

O desconhecido (por exemplo: "O que farei com a falta disso?"[6]).
[Agora, você está diante de sua própria falta, a qual acreditou na promessa de ser preenchida pelo objeto. Por isso, desejou possuí-lo.]
É o que acontece quando alguém querido morre[7]: o mundo acorda você de uma ilusão. De uma ilusão, na qual há controle sobre a agenda de compromissos do ano que vem, por exemplo.
Sim, é uma ilusão. Porém, como compromissos normalmente envolvem outras pessoas, se todas estarão lá, todas estão no controle. É uma espécie de delírio coletivo: todos "acreditam" que têm o controle. Logo, por qual motivo você também não o teria, não é?
Nesse delírio, valem todos os subterfúgios possíveis para ignorar a grande angústia do humano: a finitude, a morte, o maior desconhecido, a prova cabal de que não há controle algum.
Tá, o que isso tem a ver com posse?
Vimos que nos momentos imediatos ao seu nascimento (fome, frio, dor), a falta foi marcada por desprazer. Como a ordem é evitá-lo (ou seja, buscar o prazer da "satisfação"), quando algo promete preencher a falta e você acredita, surge o desejo da posse [quem sabe, voltar a ser um com o objeto, a exemplo de como foi com sua mãe].
Trocando em miúdos: "Se é bom, quero para mim, assim evito a falta".
Mas, afinal, o que é a posse, Sofia?
A posse é o que já traz consigo o medo da perda (de si, inclusive).
De si?! Por que de si?
Porque bem lá no fundo, ao desejar, você sabe que está mais para ser possuído do que possuir. Por isso, posse é defesa que sucede um medo: perder o próprio controle.
Ainda não ficou claro, Sofia.

---

6 Ou melhor, o que farei na falta disso? Na falta do que prometia preencher sua falta, você sente a sua (própria) falta. Se você tem sede (falta de água), se tem fome (falta de comida), tem vida. Se falta a falta, você está morto. Nada pode preenchê-la em definitivo, uma vez que é o meio de saber de si, de (se) viver. Talvez daí venha o célebre desabafo: "Preciso de espaço".

7 Expressões da ilusão da posse: "'perdi' meu filho"; "'perdi' meu marido".

É isso mesmo que você entendeu: posse é a fantasia que sucede o medo de (se) perder – já que, na ânsia de possuir seu objeto de desejo, você vive em função dele. Logo, quem possui quem?
Tem um exemplo?
Ok. Vamos de relações humanas. O excesso de controle sobre o outro fala da falta de controle de si. No mínimo, porque não consegue controlar o desejo de controlar o outro. No mínimo!
Por exemplo: quando você monitora redes sociais de toda sorte, para tentar vigiar os passos de seu par romântico, enquanto ele dorme feito um anjo, quem controla quem?
[Na ânsia de não ser controlado, busca o controle; mas quando busca o controle, já está (des)controlado.]
Aqui, começa o investimento de energia para controlar, no mundo externo, o que você não controla no seu mundo interno: a falta como companhia na vida.
O raciocínio é, mais ou menos, este...
Experimentei. Foi bom. Não quero que falte. Percebi que me controlará.
O que farei para não (me) perder? Controlarei.
Como controlarei? Possuindo.
Só que, para possuir, serei possuído. Não admito.
Defesa: ilusão da posse.
Muitas vezes, quantidade em detrimento de qualidade parece solução para alcançar a posse, no entanto, abre caminho para a dependência. Você não pode ter nada, mas qualquer coisa pode ter você; (a)tenha-se.
Quanto menos trocas, menor o leque de possibilidades para atender à falta. Ou seja, quanto mais pobre o repertório, maior a probabilidade do vício.
Se seu sorriso depende de um só objeto, a vida parece simples, né? Porém complicará muito na falta dele. Daí, a necessidade da posse (pegou? 😊).
Acho que estou começando a pegar! 😊

Simples assim, repare: "Isso é tão bom, quero para mim". Leia-se: "Quero à minha disposição, sempre que eu desejar"[8].

Se o objeto de seu desejo for inanimado, ok. Mas se tiver desejos próprios, como você, talvez não compartilhe do desejo de estar sempre à disposição de quem o deseja.

Caramba! Agora passou um filme de todos os meus relacionamentos amorosos, aqui! Tá, viciei no objeto e ele não está à minha disposição. E agora?

Agora, faz-se necessário um leque de possibilidades, as quais podem não "satisfazer" seu desejo de comer (algo específico), porém não deixarão você morrer de fome (preservarão a vida para que você decida o que fará com ela, não o inverso).

Hobby, voluntariado, esportes, círculos de amizades, grupos de interesses em comum, viajar, aprender algo novo, readquirir um hábito que você lamenta ter abandonado, experimentar a gratidão do outro, autorrealização, abraços, quebrar a rotina e até mesmo resgatar pequenos prazeres em situações cotidianas dão um belo leque de possibilidades para manter o psicológico bem alimentado.

Imagino que um psicológico bem alimentado não coma qualquer coisa, né?

De fato (risos). A iminência de morrer de fome sujeita a comer qualquer coisa (angústia da morte, lembra?). Usando essa alegoria, o que pode ser "morte" para você? Pense: ao que já se submeteu para que algo não morresse ou para que você não morresse para algo (se é que ainda havia vida)?

---

8 Será que a disponibilidade mantém o interesse com a mesma força da privação?

Só consigo lembrar de episódios sem dignidade. Passou. Agora, quero saber como ter um leque de possibilidades, Sofia.

Experimentando(-se).

Como?

Se você tem consciência de que não busca aquele objeto específico, mas o prazer que ele proporciona, buscará outras formas de(sse) prazer, inclusive consigo mesmo. Assim, poderá descobrir novos prazeres! Você poderá, até (pasme!), encontrar prazer na própria busca (a tal busca por autoconhecimento).

Ao contrário do que possa pensar, isso não limita sua relação com objeto algum, mas tira dele a (ir)responsabilidade de atender a toda sua falta, já que você terá outras fontes de prazer/alimento. [Como sugerem os nutricionistas: quanto mais colorida a refeição, melhor.]

Ao invés disso, por sobrevivência, você poderia continuar a consumir mais de algo que um dia atendeu ao seu desejo de comer, entretanto, hoje só atende à sua fome. Pior, poderia interpretar esse fato como esgotamento não só da relação, mas da vida. Já imaginou isso na realização profissional? [Talvez esse seja o embrião da aversão às segundas-feiras.]

Estava pensando em relacionamentos amorosos. É impressão minha ou meu desejo fica cada vez mais exigente?

Com um repertório mais rico, é natural que fique mais exigente. De certa forma, isso amplia. No entanto, é preciso cuidar para não exigir perfeição. Afinal, o outro é tão humano quanto você.

A busca sempre será por atender à falta, porém é preciso estar atento ao sentido. Por exemplo: por muitos anos, você teve prazer em andar de bicicleta; aos poucos, trocou por caminhadas. Quando seu filho atingiu idade de pedalar sozinho, o objeto ganhou um novo sentido para você. Ainda é bicicleta? Sim. O que mudou? Uma nova variável a desconstruiu e a reconstruiu: agora, é fonte renovada de trocas.

Vícios à parte, o prazer pode não ser mais o mesmo, mas não necessariamente menos prazeroso; apenas sujeito ao seu momento, mais exigente ou não (relativo ao que você acredita que o objeto possa oferecer).

Isso bem que poderia ser mais lógico, né? Se a dosagem 1x proporciona 1.000 de prazer, a dosagem 2x deveria proporcionar 2.000. Para que complicar?

Faz sentido, mas se isso funcionasse, o que o moveria a se desenvolver? Talvez seja esse o recado da tolerância: "Se encontrou esta via com o repertório que tinha, que outras vias encontrará com seu novo repertório? Aqui, esgotou-se. Se quer mais, vá buscar!".

Desse ponto de vista, ampliar o leque de possibilidades de trocas (não só) com o mesmo objeto mostra-se como forma de não o esgotar. Assim como ampliar repertório faz o mesmo pela vida.

Quando limita o objeto a apenas o que um dia ofereceu, você condena a relação. O desejo é seu. O que o objeto oferece é dele. O que você recebe é o que você recebe; não, necessariamente, é (tudo) o que ele oferece.

O objeto pode oferecer um banquete, ainda assim você pode se servir apenas de água. O inverso também é possível. São muitas variáveis envolvidas em suas escolhas. Quanto mais conhecer sobre elas, mais se conhecerá.

Você é o que deseja. Quanto mais sabe sobre seu desejo, mais sabe quem pode vir a ser. Tudo bem, até aqui?

Sim, estamos caminhando. Vários episódios passando pela minha cabeça...

Se esse último parágrafo fez sentido para você, continuamos indo bem. 👍

[Não sei para onde, mas continuamos indo bem! 😊]

Se não fez, segue adendo.

O vício limita o viver, já que, no mínimo, dificulta ampliar o repertório. Fato que mantém você viciado, por falta de opção. É o cachorro correndo atrás do próprio rabo, percebe?

Agora essa pecinha se encaixou: a culpa da overdose é da tolerância! Justamente porque o vício não me dará mais do que um dia já deu, posso cometer excessos.

Sim! Logo... ampliar repertório pode ser alternativa (tanto para não viciar, quanto para quebrar o vício).

Humm... Já tentei "curar" uma paixão com outra. Agora, estou me perguntando se foi boa ideia (risos) 🤔.

Para não entrar em contato com sua falta, você engatou um objeto no outro. Tentou substituir um vício por outro? Como fica sua independência?

Abstinência caracteriza vício. Você depende de muita coisa, mas em que grau? Uma vez viciado, pode depender de algo que nem sempre estará à sua disposição. Como ficará na falta dele?

Ah, essa dependência é uma droga!

Gostei do trocadilho (risos). A falta do objeto da paixão coloca você diante de sua (própria) falta. Isso porque não é exatamente do objeto que você sente falta, mas do que ele proporcionava: a ilusão de preenchê-la.

Tá, como ampliar meu repertório?

TROCANDO.

VOCÊ É HUMANO:
não dá, no máximo empresta,
mas o que deseja MESMO é a troca

Troca sempre haverá, consciente ou não: você sempre deixa algo e leva algo. Até um esbarrão é troca. Um esbarrão pode afetar mais sua vida do que qualquer compromisso que tenha perdido enquanto rolava escadaria abaixo.

Para você, qual a diferença entre dar e emprestar?

Emprestar espera, no mínimo, a devolução. Dar não espera nada em troca.

É, teoricamente não deveria esperar, né? Mas... da menor das esperanças, pode vir um "nossa, nem agradeceu!".

Às vezes (risos).

Há dois tipos de troca: no primeiro, as contas fecham (valor); no segundo, não (preço). Já que envolvem juízo, o único capaz de discerni-las é você.

Como o próprio nome diz, na troca, você deseja algo em troca, sim, mas não exatamente a devolução do que empresta.

Dar e emprestar guardam certa distância. Dar entrega com as duas mãos; emprestar entrega com uma; trocar entrega-se. Ora entrega-se por falta de força para lutar, ora por se unir à força contra a qual luta(va). Não há como trocar valor sem se entregar.

Espere! Que tal começarmos pelo começo?

Melhor, né?

Bem... para trocar são necessários, ao menos, dois ingredientes: oferta e procura.

Só isso?

Eu quis simplificar, mas já que perguntou... uma pitada de coragem favorece. Afinal, quem oferece primeiro? Alguém precisa dar o primeiro passo, como fiz aqui.

Fez?

Sim, eu ofereci algo (esta conversa), você aceitou. Até o momento, a parte da oferta está indo bem: encontrou procura. Este é um encontro primordial para o humano (você é humano, lembra?).

Fale-me mais sobre isso, Sofia.

[Ah! Só para evitarmos conflitos na compreensão, considere: "ter a oferecer" não tem nada a ver com "ter algo material" 😊.]

Ok. Para a troca é preciso o encontro entre oferta e procura. Logo, o primeiro passo (oferecer) precisa ter aceitação.

Em outras palavras, pouco adianta oferecer a quem não quer receber. Ainda assim, cabe a você avaliar o quanto (pode) investir diante do que acredita lucrar.

Faz algum sentido.

Humm... Pela sua cara, você já foi rejeitado. Liga não, eu garanto que tem muito mundo aí desejando o seu desejo.

Desejando o meu desejo?! Como assim?

É! Desejando que você o deseje, enxergue, alcance: troque valor com ele.

Como encontrar esse mundo?

Bem... diante da rejeição, aparentemente, a solução para ser aceito seria: oferecer o que o mundo quer, em vez de se frustrar tentando, novamente, oferecer o que tem.

Esse é um raciocínio bem lógico, convenhamos. A princípio, até pode facilitar relações (claro!), entretanto, com o tempo ficarão "devendo" (a conta não fechará).

Ah, normal! Sou humano: sempre me faltará algo (risos).

Boa! 👍 Mas uma coisa é falta com propósito; outra, é sem.

Como assim, sem?

Será que você deseja ser aceito por sua capacidade de dar o que o outro quer ou de trocar o que tem?

Humm... Eu não posso ter o que o outro quer?

Sim! Tanto pode, que não precisa se submeter a oferecer o que não tem! A proposta é ter para trocar. Daí, o propósito da falta: trocas, o encontro entre oferta e procura.

Trocas são calor: mantêm a vida, mas podem matar. Você enxerga o que procura, leva o que busca. Trocas matam quando não reforçam a trocar.
Sei bem o que não me reforça a trocar.
É muito bom que saiba. Eu lembro de duas situações [você encontrará outras]:
— Quando o outro não quer o que você tem a oferecer;
— Quando você oferece o que não tem.
Ah, só para deixar bem claro: nem ao oferecer o que se tem há garantia de reforço, quiçá o que não se tem!
Isso não faz sentido! Se dei, tinha, né, Sofia? Como eu poderia dar o que não tenho? 🙄
Não, necessariamente. Você pode tentar sustentar um peso maior do que suporta, porém não poderá fazê-lo por muito tempo. Quanto mais tempo sustentar, mais será cobrado, ao menos, para a reparação do que o excesso exigiu. A cobrança será, no mínimo, proporcional ao excesso de esforço empenhado.
Aliás, empenho é uma ótima palavra! Sabe quando a pessoa empenha algo valioso? Deixa, por exemplo, uma joia como garantia de que voltará para pagar o empréstimo?
A joia que você empenha, quando oferece o que não tem, é a genuinidade com a qual deseja ser aceito, oferecendo o que tem. É uma espécie de investimento, o problema é quando a rentabilidade não paga a conta do empenho (a conta não fecha).
Trocando em miúdos: quando oferece o que não tem, você empenha sua joia para investir em algo que julga, ao menos, dar lucro suficiente para resgatá-la (compensar o empenho).
Deste ponto de vista você pode, sim, oferecer o que não tem, em caráter especial (ficar negativo), feito limite de conta bancária, sabe? No entanto, alguém terá que pagar.
Uau! 😯 Acabamos de descobrir um bom termômetro para medir o quanto "negativou", ao oferecer o que não tinha: a cobrança[9]. Quanto maior a cobrança do que ofereceu, maior o excesso de esforço empenhado.

---
9 Tais cobranças podem levar anos até o protesto. Por exemplo: "Abandonei minha carreira para criar 'seus' filhos!".

Por quê?
Porque oferecer o que tem não requer (tanto) empenho. O que você tem em abundância, simplesmente flui.
Preciso de um exemplo.
Ok. Para ganhar o par romântico, pode até oferecer carrão alugado, roupas caras emprestadas, jantares que custarão um mês de salário, mas poderá mantê-los por quanto tempo?
Agora, o agravante. Se não julgou valoroso o suficiente o que tinha a oferecer (por isso ofereceu o que não tinha), como poderá julgar o outro por deixar de aceitar você, quando não mais puder manter o que ofereceu? Como cobrar do outro que valorize mais você do que você mesmo valoriza?
Entretanto, há algo que vem antes de toda essa discussão. Vamos retomar sua pergunta: "Se dei, tinha, né, Sofia? Como eu poderia dar o que não tenho?".
Ainda que tivesse, você não deu. O humano não dá, lembra? No máximo, empresta, mas o que busca são as trocas. Se a conta não fecha, além de não gerar lucro, pode deixar dívida[10] (ficar em falta). Aqui, começa a discussão dos parágrafos anteriores.
Porém, falando de relações humanas, há padrões de comportamento, sim, mas tudo é possível. Você já "atirou no que viu e acertou no que não viu" (dito popular)? Pois é, não há garantia de sucesso no resgate da joia (nem de insucesso).
Para perceber como sucesso ou insucesso, o repertório conta muito, por isso, pergunto: o que você já experimentou de aceitação? Já experimentou um encontro? Qual seu nível de exigência?
Ou melhor dizendo: você está passando fome? Se sim, comerá qualquer coisa.
O que é um encontro, afinal, Sofia?
Encontro é ambiente que facilita trocas. Ou será que trocas facilitam encontros? 🤔 Bem, uma coisa é certa: encontro acontece entre

---

10 Alguns discursos da falta de valor nas trocas: "você me deve uma satisfação!"; "você me paga!"; "que falta de respeito!"; "quanta ingratidão!"; "o que foi que eu te fiz para merecer isso?"; "vou lá acertar as contas com ela, agora!"; "está achando que isso vai ficar assim, é?"; "dor de barriga não dá uma vez só não".

oferta e procura. Quando a conta fecha (valor), não falta beleza. Logo, encontro é um momento que você não sente necessidade de controlar. Por quê?
Porque (a beleza) tem sentido.
[Silêncio.]
Outra coisa... quando você fala "oferecer o que tem", nada mais é do que "oferecer o que é", né?
Sim. Podemos usar "é" para representar "tem". Prefere?
Prefiro. Por que não fez isso antes?
Que bom que perguntou! A resposta é simples: usar o verbo "é" dá a impressão de que você está acabado (pronto), entretanto morrerá inacabado. Por esse motivo, evitei usá-lo, já que você não é, mas está (em construção do primeiro ao último suspiro de vida). Agora que esclarecemos, vamos de "é", combinado?
Combinado! Antes, preciso entender melhor o que é essa tal troca que acontece no encontro, pode ser?
Claro! Nas trocas, a busca é por si mesmo; nos encontros, você se encontra. Daí, a beleza de ser aceito pelo que "é". Ser aceito traz sentimento de pertencimento. Lembra do que acompanha o sentimento de pertencimento?
Não sei se ainda lembro.
Pode até não lembrar, mas sabe. Vamos registrar, assim não esquecemos: aquele riso bobo de quem se sente amável (passível de ser amado). [Sorriso é algo social; riso é algo visceral.]
Você tem uma memória dessas, aí? Sabemos que já se sentiu assim. **Tente se lembrar.** [Lembrei da fala do Tio da minha amiga Imma: "Como fica forte alguém que se sente amado!".] [III]
Se o que você expressou não o representou na genuinidade com a qual deseja ser aceito... Então, o que foi aceito não foi você, mas apenas o que o outro desejou que você fosse, para aceitá-lo. Ou pior, o que você achou que ele desejou.
Agora, pense comigo... seria loucura buscar aceitação de si expressando quem não se é. 🙃 Entretanto, se não julga valoroso o que tem a oferecer, loucura seria expressar a si mesmo [de qualquer forma, não ser aceito pode ser enlouquecedor].

É uma escolha. Até o momento em que deixa de ser.

Como assim, deixa de ser?

Deixa de ser quando o que tem dentro de si começa a se expressar para além dos mecanismos que você criou para contê-lo, ou seja, mostra quem manda na "casa".

Hein?

Em outras palavras: quando conflitos psicológicos começam a se expressar biologicamente, explodem para não implodirem. Para tanto, se não encontrarem orifício, cavarão um; mas também há casos de constipação.

Como assim?

Humm... Acho que teremos de conversar um pouquinho sobre seu "sistema 'digestório' psicológico" antes de prosseguirmos. Topa?

Ah, já estou aqui mesmo. ¯_(ツ)_/¯

VOCÊ É HUMANO:
tem um "sistema 'digestório' psicológico"

Falta é "fome".
Viver pressupõe comer.
Você está vivo.
Enquanto vivo, sentirá fome: buscará preencher sua falta.

Agora, vejo algo em minha bola de cristal: você percebeu que sua fome não tem a menor chance de ser estancada em vida, confere?

Quem disse que quero estancá-la? Comer é tão bom! 😋

Bem, ainda que você não pare para pensar numa bobagem dessas, sua autorregulação "analisa" mais ou menos assim: se enquanto vivo, sentirei fome, o que posso fazer, a não ser tentar lidar com isso?

Sei que não se lembra, mas um dia, a fome já foi uma experiência terrorífica, a ponto de o fazer chorar até perder o ar. Hoje, você ampliou o leque de opções para lidar com essa falta (ainda que por falta de opção).

Sabe como conseguiu isso? Experimentando-se!

Pela via do autoconhecimento, adquiriu repertório, lidando consigo, percebendo-se, impondo consciência aos próprios comportamentos. Com isso, hoje, convive com a falta da "satisfação" imediata da fome, adiando-a com mais tranquilidade.

Note, não entenda isso como um controle. O que há é uma conversa: seu corpo comunica uma necessidade, da forma como consegue; você, com seu repertório, sabe até onde pode adiá-la. Começa com um sinal amarelo, se não o respeitar, logo virá o vermelho [no início, sua mãe desempenhava esse papel, lembra?].

Quer uma evidência boba de que não há controle?

Quero!

Para seu estômago, não há regras sociais, ele ronca e acabou. Tanto que, às vezes, você precisa se desculpar pela falta de educação dele, não é?

Nem me fale!

Eu também poderia falar das formas de comunicação do seu intestino, mas algo me diz que o estômago já deu o recado de forma mais elegante.

Seu "estômago psicológico" também "ronca", e você já foi obrigado a pedir desculpas por ele.

Eu? Quando?

Você nunca falou algo que "não queria" dizer? Antes mesmo de terminar a frase, pensou: "Por que eu falei isso?".

E quanto a algo que não pôde falar, já doeu em seu estômago? Espero que não.

E quanto a ficar sem comer? Alguma vez já ficou sem comer até que seu estômago reclamasse? Quando voltou a comer, seu estômago chegou a doer na presença da comida? Como se ali já não fosse mais seu lugar?

Pois é, quando a morte não é ouvida, o lugar da vida morre. O psicológico também tem dessas coisas.

Você já ouviu falar em somatização?

Mais ou menos.

Bem resumidamente, poderíamos dizer que: quando você não resolve adequadamente suas questões psicológicas, elas se manifestam por meio de sintomas corporais. Ou seja, pode não haver evidência patológica diagnosticada, mas a queixa do corpo (soma) persiste.

Dito de outra forma, o que não cabe em si, transborda. O que você tem em abundância flui.

Sabe quando suas mãos suam, seu sangue gela, o coração dispara e as pernas tremem enquanto você se empeteca para o encontro com o *crush*?

Uh! Como sei!

Pois é, essas comunicações corporais têm um fundo emocional. De certa forma, você sabe de "onde elas vêm" e "quando acabarão". Pode até ser gostoso, né? Agora, imagine sentir isso "do nada"!

De fato, nunca é do nada, mas quando não se trata de algo anunciado, consciente, sua ignorância de si assim o descreve: do nada. Imagine não saber de onde veio, tampouco quando se vai; exames e exames sem diagnóstico consistente, apenas soluções paliativas para suportar a dor, sem cura.

O que isso significa? Significa que as dores psíquicas avançaram sobre o corpo, somatizaram. Não deixa de ser uma tentativa de estabelecer comunicação. Como o ambiente externo costuma dar mais ouvidos a alertas físicos do que psíquicos, na falta de conversa amigável entre você e seu "sistema 'digestório' psicológico", conflitos, angústias, medos, traumas e afins são impressos no corpo. Sob a pena da dor, inscrevem-se em idioma comum aos mortais.

A carência de comunicação consigo mesmo faz da falta espaço morto, contraria seu propósito: manutenção da vida. Por isso, vai se fazer ouvir até ser escutada, inclusive sob a forma de doenças.

Você pode interpretar uma doença como prenúncio da morte, mas pode ser reivindicação de vida. Um bom exemplo é o estômago doer na presença de comida.

Lá no fundinho, você conhece o idioma no qual estou falando porque passou por algo assim ou conhece alguém que já passou. A questão é: com quem troca a respeito disso? Se aprender um idioma, mas não exercitar com ninguém, o que acontecerá? Será que alcançará fluência?

O humano é um ser social, são as relações humanas que o humanizam. Você já parou para pensar: ainda que tenha nascido com aparelho fonador, se não tivesse modelo humano para aprender a falar, será que falaria?

Da mesma forma, a consciência pode ser compreendida como habilidade adquirida nas relações sociais, nas quais há um par de ouvidos e olhos interessados nos relatos do auto-observador.

Isso porque, para falar do que sente, antes precisa se auto-observar, autoescutar. Por auto-observação, percebe as variáveis que exercem controle sobre si mesmo (repetem-se), para então exercitar o que chamam de autocontrole (bons resultados das conversas consigo mesmo) e aplacar a necessidade de controlar o entorno.

Ou seja, nas relações sociais, um humano pode reforçar outro humano a impor consciência sobre os próprios comportamentos, oferecendo-lhe (auto)escuta.

O outro me oferece autoescuta? Não entendi. 🤔

Preciso contar uma fofoca: o outro pode ser ambiente para você se escutar.

Estranho, ao mesmo tempo que isso não é óbvio, também o é (risos).

É, mas você lembra de usar? [Agora lembrará: fofoca ninguém esquece.]

Para aprender a falar, você (se) escutou, assim como precisou ser escutado. Sua mãe dizia "mã-mãe" e aguardava ansiosa pela resposta. Uma vez reforçado, você aprendeu a falar escutando e escutando-se; assim como aprende a se escutar falando e falando-se.

Em outras palavras, quando o outro oferece escuta ao que você auto-observa, reforça seu auto-observar: é oportunidade não só de "aprender a falar", mas também de se escutar. Relaxa, não vão escutá-lo se escutando, enquanto se falam; até porque podem estar ocupados escutando-se.

Tem horas em que você dá uns nós! Fico meio tonto. 😟

Foi só uma brincadeirinha para manter você acordado. 😊

Ah, lembrei de mais uma forma de o outro ser ambiente para sua autoescuta. Esta não depende da atenção que recebe dele, mas que dá a ele.

Sabe aquele ser insuportável até de boca fechada? Pois é, ele tem algo que você não suporta em si mesmo. Isso pode ser até uma falta: alguma coisa que você gostaria de "ter", mas não "tem". Por isso, quando se perceber criticando alguém recorrentemente, saiba que está se despindo em praça pública. Questione-se, escute-se.

Sinceramente, isso parece que dá trabalho! O que ganho impondo consciência?

Dá mesmo! Mas dá lucro também: eis um caminho para o que chamam de autoconhecimento. Foi o que você construiu com seu corpo, ao longo de sua vida para, por exemplo: ingerir certa dose de álcool, suportar dores de cabeça infernais, vômitos e até vertigens por conta disso, sem surtar pela iminência da morte. Em outras palavras, você aprendeu até onde pode ir (neste momento).

Tem um exemplo, Sofia?

Ok. Como sabe que sua bexiga encheu e não dá mais para esperar? Você tem controle?

Humm... Tenho até a página dois, né?

Sim, você aprendeu a se comunicar com seu sistema excretor. Se mantiver boa escuta (imposição de consciência), tudo permanecerá bem. Caso contrário, sua bexiga gritará e a última palavra não será sua: a abundância fluirá (risos).

Com o passar dos anos, precisará atualizar seus limites, quem sabe voltar a usar fraldas. Autoconhecimento também é isso, uma constante atualização dos próprios limites (no seu tempo).

Na somatização, a comunicação foi interrompida, instala-se uma espécie de surdez de si mesmo. Por esse motivo, prefiro chamar de conversa, não de (auto)controle. Já que, no final das contas, você está mais para ser controlado do que controlar [vide capítulo "Você é humano: deseja (possuir)"].

Detalhe: quanto melhor a comunicação com o ambiente interno, melhor a comunicação com o ambiente externo. Ah, e vice-versa (risos).

Até desconfio que tenha relação entre os dois, mas me dê um porquê.

Porque uma vez imposta consciência sobre suas faltas, não delegará ao outro a impossível missão de adivinhá-las; muito menos, "satisfazê-las". Acho que já falei isso, né?

Já, mas neste momento da conversa, ajudou a encaixar outras pecinhas! Obrigado!

Autoconhecimento favorece as trocas (e vice-versa): quanto mais valor, menos em falta consigo, mais pertencimento, mais humanidade; logo, você não exige do outro o que não faz por si mesmo. Pelo contrário, facilita trocas de valor, faz-se convite à beleza do encontro.

VOCÊ É HUMANO
pelas relações humanas

Quando a fala do outro incomoda, o que você faz? Peço para se calar ou saio de perto, oras! E se você soubesse o motivo pelo qual é atingido, será que dependeria da ausência do outro ou de seu silêncio para não ser incomodado por ele? Até porque, quando ele para de falar, não necessariamente você para de ouvi-lo, né? Muitas vezes, continua ouvindo atééééé....

Ah... isso é verdade! Por quê?

Porque não é a ele que está ouvindo, mas a um "si mesmo", ao qual você não dá ouvidos, portanto não tem intimidade. Assim, poderíamos dizer que seu ambiente interno está se ouvindo pela fala do ambiente externo, mas será que chega a se escutar? [É como se o outro contasse uma fofoca a seu respeito. Quanto mais afeta você, mais fundamento tem.]

O outro é um ambiente, você também. Ambientes são leituras de ambientes. Será que os dois teriam a mesma leitura de um mesmo ambiente? Pior, será que num dia de luto e num dia de conquistas você teria a mesma leitura de um mesmo ambiente? Por quanto tempo um ambiente permanece o mesmo, já que é, inclusive, produto dos ambientes que o compõem? A presença de uma única pessoa poderia contaminar sua leitura de todo um ambiente? O que será que alguns querem dizer com "você cria sua realidade"?

As relações acontecem entre os ambientes. Se houvesse régua para medir sua qualidade, pertencimento e não pertencimento seriam bons indicadores.

Onde ficaria a posse nessa réqua, Sofia?

Quanto mais pertencimento, menos necessidade de posse. O sentimento de pertencimento fala de um ambiente que não exige tantas defesas. Já a posse exige constante estado de alerta e manutenção do controle; qualquer ruído contrário soa ataque.

Desse modo, você pode passar tanto tempo se defendendo, que as relações se transformam em disputa. Por esse caminho, a melhor sensação que experimentará com o outro será avançar sobre ele: controlá-lo. É um ambiente de sobrevivência, uma guerra. Uma guerra que se apresenta sob a fachada de relações amorosas, parentais, profissionais, acadêmicas, familiares.

Controle conquista espaço, pertencimento amplia horizonte. Quando você avança sobre o outro, será que sobra espaço para que ele amplie os próprios horizontes (expresse a si mesmo)? E quando o outro avança sobre você?

Se você cresce e se desenvolve em determinado ambiente, pode entender que essa seja a única forma de se relacionar com o mundo.

Nesse caso, seria mesmo, não?

Sim. E facilmente você a deixaria de herança para seus filhos, também.

Há problema nisso? E se o ambiente for reforçador para mim?

Se for reforçador positivo, o que perderia conhecendo outros? Porém, supondo que seja o reforçador mais comum entre os humanos, do tipo que, por exemplo, não oferece desconto pela adimplência, mas a mantém para evitar multa por atraso[IV]...

Humm... Já sei! O tal reforço negativo! ☹

Hum-hum... Lembra de que até o modo defensivo de sobrevivência pode ser reforçador? Pense comigo: para um ser finito, qual o valor (do comportamento) de se livrar do que o ameaça?

A vida.

A vida, isto é, as relações com os ambientes. O ambiente externo é uma pergunta, um problema como aqueles das aulas de matemática, lembra? A diferença é que, na vida, você não pode espiar as respostas no final do livro, antes que ele acabe.

Depois de fazer suas contas, você responde ao problema, caso contrário, bem... Quem melhor do que você para avaliar as consequências de não responder?

Um dia normal da vida adulta, e daí?

Vamos supor que, nesse caso, você agiu em função de evitar algo. Na maioria das vezes é assim. Não dá para deixar os problemas se acumularem, amanhã já tem outra lição de casa.

Se na maioria das vezes em que for convocado a agir no mundo você o fizer para escapar de "dor", a mínima possibilidade desse cenário já pode ser "dolorosa" por si só.

Espere, acho que não entendi muito bem. Temos um exemplo?

Você entendeu, sim. Só está evitando impor consciência. Por exemplo: suponhamos que quando sua mãe o chamasse pelo nome completo houvesse um inquérito do qual, se você não desse conta, tomaria um puxão de orelha daqueles que fazem ficar na pontinha dos pés (do contrário, estava certo de que perderia a orelha).

Isso ocorreu em uma quantidade de vezes suficiente para que... só de ouvi-la chamar desse "jeitinho carinhoso", sua orelha praticamente latejasse.

[Em outras palavras, seu nome completo, na voz de sua mãe, sozinho já evocava reações experienciadas na presença do puxão de orelha. Será que podemos chamar isso de ansiedade?]

O que aconteceu? Você associou uma coisa à outra: aprendeu que seu nome completo, na voz de sua mãe, seguia-se de dor [a boa notícia é que se aprendeu, pode desaprender].

Como é que você sabe (risos)? E tem mais, antes que eu pensasse em fugir do alcance da voz, ela já antecipava: "Não adianta se esconder que vai ser pior". É... De certa forma, a orelha já começava a latejar aí (risos). Isso me fez lembrar: às vezes, eu paralisava com as mãos nas orelhas... só não sei se para protegê-las dos gritos ou do puxão que eu já "sentia" só de ouvi-los.

Traga para a vida adulta. Você até queria que o mundo fosse uma mãe, contanto que não doesse quando o chamasse. Assim, para não precisar fugir diante da convocação, você se antecipa esquivando-se (como se pudesse impedir de acontecer). Em português claro, evita o mundo, evita trocas.

Consequências boas são reforçadoras, mas livrar-se das "não boas" também é. Não perca de vista a natureza do que o move a agir.
Qual a saída?
Adivinhe!
Ampliar repertório?
Sem dúvida, uma delas. Minha vez de perguntar: como?
Ah, agora está fácil: TROCANDO! Quero dizer, está fácil de falar, não de fazer.
Sim! Trocando valor! Buscando relações em outros ambientes, você pode experimentar outras formas de viver para discernir de sobreviver.
Humm... Faz sentido.
Legal! Vamos ilustrar. Imagine um campo de batalha: tiros para todos os lados; a necessária postura defensiva todo o tempo; medo de uma eventual bala perdida; a falta de lugar dos conteúdos sensíveis; o choro engolido; o medo acuado; quanto maior a habilidade de abater, mais valorizado. Como você definiria esse ambiente: luta pela vida ou manutenção da morte?
Não sei. Só sei que a gente se adapta, se acostuma.
Adaptação dá suporte, mas suportar adapta? Você pode se acostumar, por exemplo, com uma dor na planta do pé. De tal forma que só volte a "percebê-la" quando pare de doer. Qual o custo disso? Mancar causando sobrepeso na perna contrária? Perder agilidade nas exigências da rotina? Ficar impossibilitado de se exercitar? A longo prazo, ter um problema na coluna?
De forma análoga, dependendo de seu repertório, pode confundir viver com sobreviver e morrer sobrevivendo (sem saber o que é viver).
O que é a morte, afinal, Sofia?
Desse ponto de vista, morte é ausência de vida. Você só percebe que dormia quando acorda; só percebe que morria quando vive. Dá para morrer dormindo.
Ser humano é muito complicado! Preciso de um plano! 🤔
Um plano para quê?
Para ser feliz, oras! O assunto da nossa conversa!

Com a ideia de que não são 5 passos

Ah, tá! Mas antes de ser feliz, precisa ser. Apenas ser. E porque você não "é", mas vai sendo... a felicidade está no momento em que é capaz de ser.

Quanto aos humanos, arrisco dizer que são mais complicadores do que complicados. Quer ver? Vamos desenhar.

DESEJO	Ser desejado	Ser desejado
ESCOLHA (Investimento)	Oferecer quem "não sou"	Oferecer quem "sou"
RESULTADO	Aceitação pelo que "não sou"	Aceitação pelo que "sou"
SALDO	Alto custo, baixo reforço	Baixo custo, alto reforço
LUCRO	Só você pode valorar	

Seria bom se fosse só isso.

E é! Vamos à parte prática? Você quer... um coração ansioso por seu voo no desembarque do aeroporto; o abraço que simplesmente aceita; olhos sorridentes por sua alegria e atentos à sua tristeza; saber que deixou saudades, já que é insubstituível; ao menos, uma boca desejosa de seu corpo (preferencialmente, de cujo corpo você deseje); seu prato predileto esperando por sua fome; reconhecimento de seu empenho, independentemente do resultado; *souvenir* da viagem na qual você fez muita falta; que o "tudo bem?" dê escuta à sua resposta, por mais longa que seja; que peçam para você ficar. Enfim, você quer ressoar em outros seres humanos, quer que o mundo expresse gratidão por sua existência, inclusive depois de sua morte. Detalhe: quer com o menor investimento possível.

Quem disse? Até parece bom, só que não preciso disso tudo não!

Se fosse opção sua, dispensaria?

Não, né? Mas posso viver sem.

Não duvido de que possa sobreviver (risos). Assim como pode se defender do fato de não ter, dizendo que não precisa... mas deseja. Talvez tenha faltado oportunidade de impor consciência sobre o quanto deseja, mas deseja (como qualquer outro ser humano).

É... quem sabe, um pouquinho de um ou outro item ali.

Seu desejo é ser desejado. Para tanto, você pode ser o desejo do outro ou apenas ser na (in)segurança de seu desejo. Quanto mais consciência impuser sobre isso, menos disputará, mais trocará.

Tá, o que me torna desejável?

O que você oferece.

Como oferecer?

Expressando-se.

Sei lá. Pensando sobre o que conversamos até agora, lembrei das vezes em que expressei o que tenho a oferecer: não tive bons resultados.

Não sei exatamente o que chama de bons resultados, suponho que envolvam aceitação do mundo que desejou. Se não foram bons, houve rejeição. O que a rejeição despertou em você?

Digamos que não me reforçou a reinvestir.

Ok, quantos mundos o rejeitaram? Quantos existem? Não buscar o mundo que deseja está mais próximo de autorrejeição ou de autoaceitação? O que acha? Por favor, guarde essa resposta.

Se há autorreijeição, não julga valoroso o que tem a oferecer. Nesse caso, parece mesmo loucura expressar-se.

Sinceramente, fico em dúvida se loucura é me expressar ou não me expressar, Sofia. 🤔

O que distingue loucura de sanidade é aceitação. Gênios são os loucos bem aceitos. Como ser aceito sem exercitar o expressar? Mas compreendo seu questionamento; afinal, em algum momento, expressar não foi reforçador para você.

Algum momento? Digamos que em alguns (risos).

Confesso que ainda não sei o que é loucura, mas sei o que é enlouquecedor. Entretanto, o que me enlouquece talvez não o enlouqueça, daí a importância do autoconhecimento (perceber os próprios limites para ampliá-los).

Em contraponto à loucura, há a normalidade. Se não quiser enlouquecer, expresse a sua normalidade. Eis o caminho para a saúde mental, a qual, por sua vez, é caminho para a saúde física (está aí a somatização, que não me deixa mentir sozinha).

Antes que me pergunte o que é saúde mental, adianto: é, primeiramente, um estado respeitoso à (a)normalidade de cada um. Especialmente à própria.

Eu não ia perguntar o que é saúde mental, ainda assim, até que gostei da definição psicofilosófica.

Obrigada! 😊

Mas... o que é a minha normalidade?

É o que você tem a oferecer, portanto, é o que tem necessidade de trocar. Por isso, não exige muito esforço, flui. Assim, naturalmente, tende a cobrar menos por isso do outro e de si mesmo. [Agora, imagine o inverso, que loucura deve ser: esforço para conter o que flui; não expressar!]

Estou juntando as pecinhas: falta, necessidade de trocar, relações humanas, aceitação pelo que se é, pertencimento.

Sim! Faltas encontram propósito nas trocas, são espaços no aguardo de sentido de existência (vida). Vida é movimento. Sem movimento, o espaço da falta é só vazio sentido sem sentido.

O tal vazio existencial.

O próprio! A troca alcança beleza quando a conta fecha: além de interesse pelo que foi oferecido, houve valor no que foi recebido. Podemos chamar isso de reconhecimento.

Enquanto reconhecido, seu espaço da falta experimenta vida, você se encontra, porque é sob o olhar de outro humano que o humano se torna humano.

É aqui que a mágica acontece! É exatamente aqui que você experimenta o sentimento de pertencimento (muito diferente de posse): enquanto humano, parte da humanidade.

Assim, o espaço destinado às trocas ganha sentido, deixa de ser vazio (existencial), experimenta a "perfeição" do encontro entre oferta e procura... ah... você já captou, né?

Já! 😊 Dá para voltar para a normalidade?

Será que dá? Chegue mais pertinho, dê uma espiadinha nesse movimento: justamente, na ânsia de conter a "loucura" de expressar sua normalidade (risco de não ser aceito), o "normal" é enlouquecido por companhias que não sabe(m) quem "são", já que elas mesmas normalmente não se expressam. Morre de falta de valor (próprio, inclusive).

Eu o desafio a encontrar sanidade nisso! Daqui, mais parece um hospício a céu aberto! O que você acha?

Olhe bem de perto, pegue uma lupa: você oferece quem não "é"; é aceito por quem não sabe quem "é"; há falta de reconhecimento de quem se "é"; o empenho gera alto custo, desproporcional ao reforço; a quantidade tenta suprir a falta de qualidade numa multidão solitária; ninguém se enxerga; ninguém é visto. Onde fica o valor das trocas?

Voltando à sua dúvida: "Loucura é me expressar ou não me expressar?"; lembra da resposta que guardou (autorrejeição ou autoaceitação)?

Pois bem, para ser rejeitado, antes é preciso (ao menos) ser visto. Autorrejeição evita expressar-se, enxergar-se[11]. Não ser aceito é dor, não ser visto é morrer de dor. Logo... não se enxergar é um matar-se.

Resumindo: mata-se a vivência com a sobrevivência; mata-se o desejo de comer com a fome.

O ser do humano é condenado ao desenvolvimento. Para se desenvolver, precisa se expressar no mundo. Não se desenvolver é estagnar. Estagnação é ausência de vida: morte.

Tá, fez sentido. Deu até angústia! Preciso mesmo de um plano, Sofia!

Plano? Bem, fui meu próprio experimento. Será um prazer compartilhar o resultado contigo. Na verdade, o prazer começou no início deste livro, quando digitei a primeira letrinha. Desde então aguardo, ansiosamente, por nossas trocas! 😋

---

11 Autorrejeição: se não gosta do que enxerga quando se olha, evita enxergar-se; consequentemente, evita expressar-se, assim escapa do risco de não ser bem aceito pelo ambiente externo também. Para evitar dor, morre da falta de prazer; para não morrer, evita viver, mata-se.

Espere! Pensei que fosse uma transcrição de conversas que já tivemos.

Sim, mas quando aconteceram, havia mais disputa pelo controle (esconde-esconde, pega-pega) do que troca de valor. Talvez por isso, não se lembre tão bem delas.

Quanto ao plano, não sei se posso chamá-lo de plano, pois não o planejei, apenas segui o caminho inverso do que me matava de fome (de mim), da falta que eu me fazia. Nem sobreviver eu conseguia mais. ☹

Muito provavelmente, você já deve tê-lo usado, mas aí vai: se o mundo com o qual tem se relacionado não o aceita, TROQUE DE MUNDO (já que não dá para trocar "de você", né?).

Trocar de mundo? Esse é o plano!? ☹

Bem, se houve um plano (o qual não planejei), foi trocar de mundo. Nele, nos encontramos, veja: oferecemos o que temos, nos enxergamos, trocamos, nos sentimos parte, desenvolvemos, ampliamos limites. Para mim funcionou, sinto-me viva! [Para um ser finito, qual o valor de se sentir vivo?]

Até entendo, Sofia, mas mesmo que não tenha planejado, houve um caminho.

Sim, houve. Os passos estão aqui, nesta conversa (risos). Humm... Acho que faltou contar um pouquinho da minha história (serei breve).

Deixe-me ver por onde começo... Numa certa sessão, ouvi de minha primeira psicoterapeuta: "Você pensa o tempo todo, né? Deve ser um inferno!".

Isso soou tão pesado para mim, que o recalquei (joguei para debaixo do tapete, esqueci que lembrava). [Sei exatamente o momento em que impus consciência sobre o peso! Sabe o que eu estava fazendo? Conversando comigo mesma.]

Só um ano depois, percebi por que parei com as sessões. Repare que, de todas, recortei e guardei apenas alguns segundos da última. Por que será? Porque tocou minha ferida. Talvez eu ainda não estivesse preparada para tanto, naquele momento; mas, no meu tempo, encontrei o devido valor na fala da psicóloga.

E como fez isso?

No meu tempo, analisei mais friamente: sim, eu penso o tempo todo, sou humana; humanos não param de pensar nem enquanto dormem. Afinal, o que é o sonho?

Vencida essa parte óbvia, fui avançando sobre o que sobrou da frase. Dissecando mesmo. Encontrei mais obviedades: pensar não me doía.

Bom... então sobrou o que doía. O que era?

O que só enxerguei pelos olhos da segunda psicoterapeuta: "Você traz tudo pronto, né?".

Eureca! Era isso! Eu não só penso, como também faço *links* o tempo todo. Compreendi que foi isso que a primeira profissional quis dizer, mas eu não estava pronta para escutar, estava ocupada demais com o que me doía: o inferno.

Afinal, isso é bom ou ruim? Fiquei sem entender. 🤔

Não é bom nem ruim, é como eu me organizo, é apenas um modo de funcionar, que já me doeu por falta de valor nas trocas; hoje, não mais.

Nunca saberei o quanto minha dor distorceu a fala da psicóloga. O que ela ofereceu? O que eu recebi? O que ela disse? O que eu escutei?

Bem, o que importa é que "gritou" o que eu precisava usar em meu favor, ainda que eu só tenha escutado um ano depois. No entanto, sem o "grito", demoraria bem mais.

Vamos ao que interessa: minha dor era não encontrar mundo para me expressar da forma como eu "era". Isso explica muita coisa! Desde pequena, mesmo sem impor consciência sobre o porquê, eu buscava formas de falar sozinha (ou melhor, conversar comigo mesma).

Como?

Eu tinha um daqueles rádios gravadores toca-fitas. Sabe o que é uma fita cassete (risos)? Usei muito! Gravava para me ouvir. Foi a forma que encontrei de me escutar. Hoje, gravo no celular ou no privado de minha rede social (recomendo, risos).

Caneta, papel? Usei cadernos inteiros.

Voz alta? Vixe! De frente ao espelho, inclusive.
Sugiro essa prática (não só) a todos os meus clientes. É terapêutico ser íntimo de si. Afinal, o caminho para ser aceito é aceitar(-se).
Mas e quanto ao inferno? Não dá para sair do inferno assim tão fácil!
O inferno, no qual eu ardia, era apenas falta de calor (humano). Eu não encontrava mundo para expressar o meu, a conta das trocas não fechava. Talvez por isso (talvez?), na adolescência, muitas vezes duvidei da utilidade de minha permanência no mundo. Eram raros os momentos nos quais eu me sentia em casa.

Eu tinha razão: naquele mundo, no qual eu habitava naquele momento, não havia lugar para mim.

Qual a saída?

Buscar mundos (no plural). Assim, por conta do isolamento involuntário, crescia o desejo de fazer algo que alcançasse o maior número de pessoas possível, dada a falta que me faziam. Hoje, percebo que tudo o que fiz na vida (mesmo enquanto morria) teve esse sentido. O que eu não sabia que sabia era que esse sentido tinha um *plus*: a perenidade.

Pois bem, cá estamos e permaneceremos!

Tá, e...?

Neste imenso Universo, seu mundo é apenas parte de um monte de outros. Logo... de quanto mais mundos participar, menos incompleto você se sentirá (ampliará repertório).

Olha, Sofia, buscar mundos não parece difícil, basta eu me "lembrar" do que gosto. Porém, para trocar valor com eles, acabei de descobrir que preciso do que você chamou de "me sentir em casa".

Seu mundo não parece casa para você?

Muitas vezes, não.

Tudo bem. Há um mundo, no qual se encontra neste momento, que não percebe como casa para você. E se eu dissesse que esse mundo é apenas um recorte?

O que você quer dizer com um recorte?

Recorte é apenas um pedaço do todo. Alguns recortes são como amostra grátis: nem sempre é o que você precisa, mas acaba aceitando porque é grátis. Uma amostra grátis mostra um

mundo possível, não o único. Até atende, mas completa a ligação (entre preço e valor)? [Só você tem essa resposta.]
Sei bem como é, mundos que não são amostras grátis têm custo. Sempre. Custo e benefício. Quanto você paga por não se sentir em casa?
Caro.
Qual o valor de se sentir em casa?
Não tem preço.
Sim. Porque se sentir em casa é troca, na qual a conta fecha; acontece pelo valor, não pelo preço. Preço é aquele excesso de empenho que gera cobrança, na falta de valor. Busque com quem trocar e fará do mundo sua casa.
Você faz a troca parecer simples, ainda assim sabemos que não é, Sofia.
Talvez porque eu a veja mais trabalhosa do que complicada, mas há reforço, e você é interesseiro[12]: a conta fecha. O caro não é caro.
Como? Não vejo a conta fechando para mim!
Sendo você mesmo, alguns se afastarão. Porém, outros tantos se aproximarão justamente pelo que você "é", mas... não o fariam, se assim não fosse. A conta fecha (de novo). Sabe por quê? Porque se sentirá vivo!
[As aspas no "é" servem para lembrar que você não é, mas está (em construção, do primeiro ao último suspiro de vida). Tem razão, já falei isso.]
Acho que preciso (me) responder a esta pergunta: qual o valor de se sentir vivo?
Veja se faz sentido. Algumas páginas atrás, você recordou daquela (daquela!) vez que foi apreciado pelo que expressou genuinamente. Lembra de como foi? [Se não recordou, faça uma forcinha, recorde agora. 😊]
Você sendo você mesmo, aceito (não vale lembrar da mamãe 🙄). Bom, né? Imagine isso no seu dia a dia! Imagine não precisar

---

12 Interesseiro: você sempre faz contas para decidir entre o que é mais ou menos economicamente vantajoso. Se julgar caro, não enxergou valor suficiente que valha investimento: você não "compra". Ah... você também não costuma comprar o que já julga "seu". Por isso, vez em quando, pode ser boa ideia renovar votos com suas escolhas, pergunte-se: continuam fazendo sentido? Se sim, deixe-as saber. Se não, busque saber o porquê (ainda insiste nelas).

se defender, por não saber se o outro expressa ele mesmo. Será que essa defesa, em boa parte, não fala do próprio medo de ser descoberto na sua inocência de (não) se mostrar?

    Por que inocência?

    Porque é inocente achar que conseguirá se esconder todo o tempo. Você até consegue se "proteger" do Sol, mas não de sua falta.

    Sabe... acho que muito desse medo de se mostrar vem de não saber o que o outro fará com nossas fragilidades, Sofia.

    Boa! Mas nem tudo que você mostra é fragilidade. Pode mostrar força também (inclusive ao mostrar fragilidade), não? Ou você quis dizer que o ato de se mostrar mostra fragilidade?

    Fiquei confuso, agora. 🤔

    Bem... justamente por não saber o que o outro fará com o que você mostra, expressar-se é um ato de coragem.

    É, pensando bem... como trocar genuinamente, sem (ter coragem de) se mostrar, né?

    Pois é! Na pior das hipóteses, ter coragem para saber o que o outro fará com o que você oferece pode ser caminho não só para saber quem ele "é", mas quem "é" você diante da rejeição ou aceitação (naquele momento).

    De fato, isso parece bem corajoso!

    Enquanto tenta não se mostrar, pode estar se defendendo de algo que ainda não o atacou (provavelmente baseado em seu histórico de ataques já sofridos). Não só por isso, vale investigar quais outras variáveis podem se "esconder" em sua tentativa, por exemplo: o medo de saber que o outro não "é" quem seu desejo deseja que ele seja.

    A propósito, sabe quando é que você mais se mostra? Quando não consegue se esconder.

    Dã. 🙄

    Que bom que achou óbvio! Já se percebeu sem conseguir se esconder?

Sim. Em momentos de dor[13].
Perdas?
É. Algo oferecido não foi sustentado. Foi muito doloroso. A perda foi tão grande que duvidei de que havia algo a perder. Certeza mesmo, só da perda de minha dignidade. Por quê?
Porque diante da perda emergem as fases do luto[V]. Uma delas é a barganha[14]. Na iminência de "perder"[15] o que experimentou de bom, suas defesas caem por terra. Junto com elas, a conta de seus investimentos (às vezes, negativa).

[Vantagens em manter a conta positiva: contará com recursos para investir em si mesmo, até se recuperar de possíveis perdas, consequentemente terá menos urgência de que invistam em você; sem contar que não passará fome, logo não se sujeitará a comer qualquer coisa.]

Pense... Se pela promessa do bom, você investe até o que não tem, imagine o que oferecerá para mantê-lo, depois de experimentá-lo!

Não, não quero pensar sobre isso, quero ter mais controle sobre isso!

Controle sobre o quê? As perdas? Está brincando, né?! Que tal investir na tentativa de alguma consciência sobre a ilusão da posse? Veja... se sentiu falta do que trocaram, é sinal de que foi bom. Ou você sente saudade do que não foi bom?

Deixou de ser bom porque não trocarão mais? Deixou de ter valor ou nunca teve? Se teve valor para você e o guardou, a conta fecha, não há dívida, não há cobrança. A dor da "perda" é, no mínimo, proporcional ao investimento com intenção de controle (posse).

O que você guardou: o que "perdeu" ou a "perda"? [Ainda mais importante do que as trocas, sem dúvida, é o que escolhe guardar e lembrar delas.]

Que diferença faz?

Toda! Há formas e formas de ler esse episódio. Posso acrescentar uma?

---

13 Se em algum momento da vida você experimentará dor, seria menos dolorido se tivesse mundo no qual pudesse se expressar? Como buscar mundo no qual possa se expressar? Expressando-se (não só pela força da dor).

14 Fases do luto: negação e isolamento, raiva, barganha, depressão, aceitação.

15 Perder a posse do que não tinha.

Vai lá!
"Perder" o que não é bom dói?
Não, né?!¹⁶
Se doeu "perder", foi bom?
Provavelmente.
Se guardou o que foi bom (ou seja, o que "perdeu"), aumenta a probabilidade de investir em outras relações? Reforça?
Sim. Se foi bom uma vez, pode ser outra.
Agora o inverso: se escolheu guardar o que não foi bom ("a perda"), será reforçado a investir?
Não. Lembrar só da perda enfraquece, não dá ânimo de arriscar de novo. ☹ É... Faz algum sentido, mas isso não é fácil de colocar em prática, Sofia.
Eu disse que era? [Desculpe o clichê, mas... é a única resposta possível, né?]
Se algo pode ser considerado de seu controle, é o que você trocou. Por isso, pode escolher fazer de suas trocas o que quiser¹⁷. Porém, paradoxalmente, você é controlado por elas [são a lente pela qual enxerga o mundo].

A necessidade de controle é própria do humano, talvez pelo fato de (saber) que não tem nenhum (riscos). Você pode ter acesso a muitas das variáveis que controlam seu comportamento, mas nunca a todas; sempre é possível que algo novo se apresente. Por isso, quanto mais rico o repertório, quanto mais autoconhecimento, mais chances de saber o quanto pode negociar para que, ainda assim, a conta feche.

Em suma, não dá para se curar de si mesmo, mas dá para adoecer de todo mundo. Se morrer for inevitável, que seja de muito prazer em se conhecer e, assim, saber o que deseja (trocar) para aplacar a necessidade de possuir. Enfim, matar a fome com o que deseja comer. 😋

---

16 Por que só você fala aqui no rodapé? Quero falar aqui também! Respondendo: não, né?! Aí nem é perda, é ganho!

17 Pode escolher fazer de suas trocas o que quiser quando quiser, inclusive dar outro significado a elas (mais à frente, falaremos sobre ressignificação).

Se o parágrafo anterior fez sentido para você, onde eu estiver, neste momento, recebi algo seu. MUITO obrigada! 🙏

[Fazer sentido não significa, necessariamente, que você concorde com meu ponto de vista, mas que o experimentou. Assim como experimentei o seu. Trocamos valor.]

Espere! E se não fez sentido?

Bem... se eu dissecasse esse parágrafo, ficaria com a última frase: "matar a fome com o que deseja comer". Pense comigo: você não sente fome de seu prato predileto; você sente fome.

Agora, lembre de um momento de fome, fome mesmo! Imagine seu prato predileto, daquele jeitinho que faz gemer. Feche os olhos, sinta o ronco de seu estômago calando-se com um gemido desses.

Não sei se já fiz isso. Se fiz, não lembro.

Se tivesse feito, lembraria. É isso: discernir o que é fome (sobreviver) do que é desejo de comer (viver); matar a fome com o que deseja comer. Eis a beleza do encontro (entre oferta e procura)!

Se continua sem sentido, você pode voltar um pouquinho a conversa. Prometo esperar aqui. 😊

Pode mais ainda! Pode me ampliar com uma nova perspectiva. Será uma honra recebê-la. Basta me buscar. Nós nos encontraremos.

VOCÊ É HUMANO como qualquer outro: repete o que o reforça

Que bom que está aqui! 😊 Vamos celebrar com passos bônus? 🥂 Gostei! 😊

Passo 6 – Cuide do óbvio:
— Busque formas de atender à sua falta;
— Varie essas formas;
— Não dependa de nenhuma delas, exclusivamente.

Ah, isso está meio óbvio nos cinco passos.

Cuide! Óbvio é aquilo que você sabe, mas lembra de usar?

Tá, ainda que eu lembre de usar, como saberei que está funcionando? Sou interesseiro, lembra?

Lembro! 😊 Não sei exatamente o que considera "funcionando", mas pensei em duas formas de tentar saber [você descobrirá outras].

Um primeiro sinal óbvio seria você se sentir reforçado a continuar repetindo. Esse sinal é bem genérico, arrisco dizer que serve para tudo, ainda assim podemos pensar em algo mais específico. Deixe-me ver...

Vamos organizar isso: "Como saber se os cinco passos estão funcionando?".

1º) Perceba o que é reforçador
O oposto de enfraquecedor, eu lembro!

Que bom que lembra! Se você repete um comportamento, é sinal de que o resultado deu lucro ou, ao menos, a promessa de algum (o que, dependendo do momento, já pode ser lucro). Ah, não se pode esquecer de que, em alguns casos, livrar-se do prejuízo pode ser percebido como uma espécie de lucro também.

De qualquer forma, sentir-se reforçado a exercitar os cinco passos é sinal de que estão funcionando para o que você acha que devam funcionar [ainda que não saiba que saiba].

Aliás, está aí uma ótima pergunta para se fazer quando perceber algo se repetindo muito, sem sentido aparente: o que ganho com isso? Não sentiu firmeza na resposta? Quer mais evidências? Inverta a pergunta: o que perco sem isso?

Se ambas as respostas confluírem, avance; se conflitarem, aprofunde antes de avançar ou mesmo durante o avanço; contudo, mantenha-se atento a esse ponto.

Não compreendi muito bem essa última parte.

Se eu pudesse resumi-la, diria: converse com você mesmo, questione-se. Enquanto fala consigo, escuta coisas que não sabe (que sabe) de onde vêm, mas são as que o levam...

As que me levam, por exemplo, a falar "sem querer", né?

Essas mesmas (risos)! Normalmente, você fala (o que pode) para não deixar escapar o que quer dizer (o que não deve). Porém, como bem sabemos, algo sempre pode escapar. Às vezes, antes mesmo de acabar a frase, você já se arrependeu.

É, às vezes (risos sarcásticos). Suponho que seja meu "sistema 'digestório' psicológico" me fazendo passar vergonha. Aí, é hora do clássico: "Não foi (bem) isso que eu quis dizer!!".

Pois é. Poderíamos simplificar concluindo que humanos mentem, mas isso seria reducionista demais. Tentemos por outro caminho: as perguntas que fará a si mesmo terão a missão de articular o que você fala com o que você faz. Quanto mais confluírem, mais íntimo de si estará. Assim, maior a probabilidade de perceber o que fará antes de fazer, ao invés de não se reconhecer no que já fez.

Não me reconhecer no que fiz! Outro clássico que tenho usado muito: "Por que fiz isso de novo?".

É esperado: você é humano.

Quanto a articular, até faz sentido, Sofia. Só que falta alguma coisa aí.

Sempre faltará (risos). Vejamos: enquanto você se escuta através do outro, filtra o que fala, pois há coisas que ele não pode saber.

Entretanto, ao perguntar a si mesmo, por que filtraria? O que você "não pode" saber de você?

Ah, essa eu quero saber!!

O que "não pode" saber de si mesmo (naquele momento) aparece na distância entre o que fala e o que faz. Quanto menor essa distância, menos ignorante de si. Minha vez de citar um clássico: "Você fala uma coisa e faz outra?".

Sei lá! Algumas vezes não (risos).

Suas escolhas escrevem sua história, portanto, descrevem você melhor do que qualquer resposta.

Então, para que eu deveria me perguntar? Só esperar acontecer para saber.

Sabe aquelas piadas, para as quais você diz: "Ah, vida, você só pode estar brincando, né? De novo!". Gostaria de rir delas antes que riam de você? Ou ainda melhor: rir com elas enquanto ainda haja escolha?

Baseado no que conversamos até aqui, suponho que sim, seria reforçador para você.

2º) Monitore a qualidade de seu humor

O quinto passo! Tá, como exercitar o quinto passo?

Ótima pergunta! Se a qualidade das relações consigo mesmo pudesse ser medida, a qualidade de seu humor seria um ótimo termômetro. E... o que poderia ser melhor do que o outro para aperfeiçoar e testar a qualidade de seu humor? 😊

Pode crer! Haja paciência! ☹️ Fica tão mais fácil quando se está apaixonado!

Você já se sentiu correspondido em uma paixão?

Sim! ❤️

Enquanto desejado pelo que desejava, sua relação com o mundo foi afetada? Algumas coisas, até pessoas, deixaram de ser tão graves ou incômodas? Outras, que você nem mesmo percebia, até então, tomaram espaço em seu mundo?

Sim. Eu mesmo não notava, mas meus amigos comentavam coisas assim. Não sei explicar.

Você se sentiu aceito, encontrou mundo onde se sentia amável: sua oferta encontrou procura; a conta fechou. Sentiu-se forte, a ponto de calibrar a intensidade de certos estímulos sobre você. Genuinamente (sem conta negativa).

Porém, busque lá, algo tomou conta de seu humor, passou a brincar com você como quem brinca com uma criança que tem apenas um único brinquedinho? Quase uma dependência (não só química)?

Humm... Pensando bem, foi mais ou menos assim, sim.

O que acontece quando alguém tira o único brinquedo de uma criança? Parece que voltamos à questão do autoconhecimento, né?

É. ☹

Pois é, o que você chamou de fácil, pode ser arriscado.

Arriscado se apaixonar? Não me diga! E você só me avisa agora!

Eu não disse isso (risos). O que eu disse, ou melhor, repeti, foi: se seu sorriso depende de um só objeto, a vida parece simples, né? Porém, poderá complicar muito na falta dele, lembra? Daí, a necessidade da P _ _ _ E?

Já sei... não tenho posse de nada. Qual a saída?

Ter um leque de possibilidades.

Como ter um leque de possibilidades?

Trocando (genuinamente).

Como trocar (genuinamente)?

Conhecendo o que tem a oferecer e o que deseja (em troca).

Como conhecer?

Relacionando-se consigo mesmo e com o outro.

Está esperando que eu pergunte algo, né?

Se me perguntasse, eu responderia: você e o outro são tão parecidos, que já têm a resposta. Afinal, são humanos, querem a mesma coisa! [Podem buscar de formas diferentes, mas querem a mesma coisa.]

No fim das contas... queremos mesmo.

Um caminho para se relacionar consigo mesmo (consequentemente com o outro) é escutar as próprias escolhas. Que tal passearmos por ele? Aceita uma água de coco?

VOCÊ É HUMANO, não há escolha: todas as escolhas estão em todas as escolhas

Seu desejo busca o que promete preencher sua falta. Você escolhe as promessas nas quais acredita (naquele momento). Suas escolhas escrevem sua história, assim você é o que deseja [suas no sentido de que, inclusive, são de sua responsabilidade. Não do outro].
Cada escolha influenciará em cada uma das próximas. Em todas (mesmo). Escutado ou não, o histórico dessas escolhas estabelecerá uma conversa com seus desejos, da qual também participará sua falta. Para efeito didático, considere este esquema: falta → desejo → escolha → escuta da escolha[18].

A escuta (consciência, auto-observação) do histórico de suas escolhas ensina o idioma para participar dessa conversa.

Como alcanço essa escuta? Estou de saco cheio de só assistir à conversa! Nem legenda tem!

Questione-se! Por que escolhi isso e não aquilo? Já fiz isso antes? Por que repito, se não gosto do resultado? Será que gosto do resultado? O que ganho repetindo? O que perderia se tentasse de outra forma? E se não tentasse?

Atente às suas respostas automáticas: são prontas e viciadas ou espontâneas? Repare nas pausas: apenas ganham tempo para enterrar as respostas ou buscam mais fundo para emergi-las? Perceba que você diz mais no que não fala do que no que fala. Afinal, dá (mais) trabalho esconder e o humano prefere o economicamente vantajoso.

Há muitas respostas no que você não fala, mas diz (somatização, linguagem corporal, negação, crenças, recortes, evitação, mau humor).

---

[18] É um esquema didático relativo e dinâmico, o qual pode ser usado da melhor maneira que funcionar para você (ou não).

Porém, pode estar condicionado a dar mais atenção ao que é falado. Está aí um ótimo motivo para se perguntar.

Humm... O tal conversar consigo mesmo.

Sim! Conversar consigo mesmo é dar voz ao silêncio que habita a fala, àquilo que a palavra não dá conta; é espaço de acolhimento ao vazio, escuta da falta. É lugar de encontro desarmado, não pela impotência diante do próprio poder, mas pela imunidade à necessidade de controle: não mais o poder do controle, mas o poder de não precisar controlar.

Converse consigo mesmo (em voz alta, inclusive), convide-se para uma água de coco, bata papos com você, faça amizade. Quanto mais praticar o idioma, mais fluente ficará. Você perceberá que a fluência no idioma de sua falta dará mais sentido à conversa. Entenderá as minúcias, as piadas. Sabe, aquelas para as quais você diz: "Ah, vida, você só pode estar brincando, né?".

De novo!

De novo! Nossa! Falamos juntos! (risos) 😊

Sim, eu gostaria de rir delas antes que rissem de mim! Ou ainda melhor: rir com elas, enquanto ainda houvesse escolha. Tem mesmo umas piadas sem graça nenhuma que se repetem em minha vida.

Tão importante quanto saber o que repetiu é o porquê de não saber que sabe (não impor consciência) porque repetiu. Fato pelo qual continuará repetindo (ao menos, até saber).

Será que estou viciado?

Se a falta causa abstinência, há boas chances (risos). Bem... Se há alguém que pode descobrir, é você. Afinal, quem sabe mais de você do que você mesmo?

É. Só preciso saber que sei, né?

Boa! 👍 Uma maneira de fazê-lo é conversando. Claro que ajuda profissional facilita, no entanto esta também vem por meio de conversa. Uma conversa com escuta mais apurada, mas ainda assim uma conversa.

Sabe qual a melhor parte dessa conversa? Para mim, é a permanência do hábito de se escutar. Com isso, o cliente vai assumindo o papel de protagonista de sua própria escuta.

Humm... A tal autoescuta?

Sim! Autoescuta é objetivo da psicoterapia na qual acredito.

Tão importante assim?

Já, já, você mesmo vai responder a esta dúvida. Vamos começar pelo começo: a procura por um profissional da saúde mental, normalmente, traz uma queixa; queixa é dor, o que dói (é) falta.

Olha só! Deve ser por isso que a psicóloga da minha amiga vive dizendo que ninguém vai à psicoterapia para reclamar que ganhou (risos).

Essa é uma piadinha que sempre faço com meus clientes. Será que sua amiga é minha cl***te? Bem, isso não importa.

Voltando... E se eu dissesse que, em mais de 90% dos casos que atendo, o que o cliente traz como queixa inicial é uma comunicação de falta, não (necessariamente) do que falta?

Como assim? Ele não sabe onde dói?

Bem... na dimensão psicológica, saber onde dói é um feito (quase) sobre-humano, estão aí os poetas que não me deixam mentir sozinha. Mas sua pergunta faz sentido: por algum motivo, o cliente não sabe que sabe sua falta. E essa, exatamente essa, é a dor primeira, vem antes de toda e qualquer outra: a falta de si, a ignorância, a dor (que vem) "do nada". Isso remete a alguma coisa?

Sim! Ao tal vazio existencial, algo que não consigo me saber, mas que me sabe e dói. Dói sentir falta de sentido.

Quando dói, você sabe; mas essa não pode ser a única forma de se saber. A dor comunica um desequilíbrio, nunca é "do nada". Saber de si é questão de aprofundar conversa. Será que ter um idioma em comum (para além da dor) facilitaria?

Repare no que estamos fazendo aqui. É um exercício de comunicação, precisa ser repetido para se tornar fluente. Exercite!

Imagine-se fluente no idioma de sua falta! Que efeito teria? Afinal, você vive na companhia da falta e morrerá na companhia de todas as suas escolhas (para atendê-la).

Estou começando a juntar as pecinhas dos cinco passos, como se um círculo se fechasse, um passinho levando ao outro...

Ah, sim, bem lembrado... O outro, aquele que o imortaliza.

VOCÊ É HUMANO:
em algum momento, desejará a imortalidade

O outro, aquele que serve de ouvido para você se escutar, que calibra o termômetro de suas relações (seu humor), que o ensinou a falar, que o faz se sentir humano, parte da humanidade... esse mesmo! Trata sua maior angústia como se fosse dele próprio e imortaliza a você (claro, em troca, deseja o mesmo).

Qual a minha maior angústia? Tenho tantas! Ah, sim... a morte. Mas espere um pouquinho, vamos devagar! Não entendi: como assim, "me imortaliza"?

Suas escolhas contam sua história de relação com o mundo, essencialmente com humanos (trocas). Se suas escolhas fizerem sentido para sua falta, você morrerá vivo de uma vida imune à morte.

Vivo de uma vida imune à morte?

Sim. Se não vive (não troca valor), não se sente vivo, apesar de estar vivo. Em contrapartida, na beleza do encontro, a vida é vivida para além do tempo, você vive a perenidade das trocas: nela, não há depois, apenas durante.

Humm... Mais ou menos como plantar uma árvore, escrever um livro, ter um filho?

Gostei dessa (risos)! Combina com o pensamento do Tio da minha amiga Imma: "Considero minhas obras como cartas que escrevi à posteridade, sem esperar resposta"[VI].

Ele não parece interesseiro (risos).

É. Sublime! Parece que se dispõe aos interessados, para além dos próprios interesses, né? Talvez tenha experimentado a luz do pertencimento, de tal forma que fora esquecido pela sombra da rejeição: encontrou caminho para a imortalidade.

Mas voltando.... Na perenidade das trocas, não há depois, apenas durante. Se a beleza tem um exato ponto de percepção de sua exuberância num dado momento do espaço-tempo, o durante o imortaliza.

Desse ponto de vista, o durante é a imortalidade da beleza (ou da falta dela), seja lá o que ela seja. Chamo de beleza (ou falta dela), mas você pode chamar de abraço coletivo, pular de paraquedas, primeiro sorriso depois do aparelho dentário, nascimento de seu filho, morte de seu amigo de quatro patas, primeiro beijo (ou último, quem sabe), dor de paixão não correspondida, seu nome entre os aprovados do vestibular, banho de cachoeira, último capítulo de seu primeiro livro, enfim... suas trocas com o mundo.

Beleza em dor de paixão não correspondida? Sofia, como eu poderia ver beleza na rejeição? Isso é horrível! O que tinha na sua água de coco?

[Reparei que, de todas as opções do parágrafo, você pinçou "paixão".]

Aos meus olhos, a beleza está na expressão de quem você "é". Quando expressa sua beleza, tem a oportunidade de ser aceito ou não. O medo não é de agir, mas de fracassar; o medo não é de expressar, mas de não ser aceito. Quando escolhe não expressar, rejeitou-se antes do mundo fazê-lo.

Lembrei da autorrejeição versus autoaceitação: se não me aceito, quem me aceitará, né?

Muito bom saber que lembra! Obrigada! 😊

O outro não deseja você, mas o que você oferece a ele. Talvez não enxergasse o que você tinha a oferecer, até que ofereceu. Aceitou até onde aceitou (ou não).

Todas as escolhas estão em todas as escolhas. Você consegue escolher a partir do que enxerga. A beleza dos meus olhos está nos seus.

Se não enxerga beleza, resta a falta dela. Não deixa de ser uma escolha. Você escolhe enxergar a partir do quê?

Cuide! Ainda mais importante do que suas trocas, sem dúvida, é o que escolhe guardar e lembrar delas [que bom que percebeu que repeti! 😊].

Lembro do que vivi, oras!

Você lembra de recortes das vivências, escolhe o que guarda e onde guarda. Por exemplo: pode lembrar nitidamente do momento em que escorregou (saudável que lembre para evitar novos tombos), mas e quanto à mão que o ajudou a se reerguer? Com que nitidez lembra dela? Toda experiência contribui para o repertório. Vale lembrar de evitar tombos? Com certeza, mas acaso caia novamente, pode ser valioso lembrar da probabilidade de ser amparado.

Quanto ao durante, acho que tenho uma ilustração que pode clarear a ideia. Você coloca o dedinho na tomada elétrica, toma choque. Toda vez que vir uma tomada, lembrará do que aconteceu. Poderá, até, não impor consciência sobre isso, mas lembrará. Quer uma evidência?

Quero!

Se vir um bebê colocando o dedinho na tomada, o que fará?

Lembrarei de que lembro do choque e tentarei impedir.

Exato! [Olha só! Um bom exemplo da importância do outro na autoescuta!] Vale lembrar que você também poderia transformar o choque sofrido em um evento tão traumático que nunca mais entraria em lugares com tomadas. Consegue imaginar sua vida sem tomadas?

Vê? Você reviverá tudo o que viveu, até o último dia de sua vida. Como viverá cada dia da vida, dependerá de como (re)viveu.

Resumindo: se você já esteve lá, lá está (em) você; tudo o que já viveu é revivido a cada nova vivência. Logo... as relações permanecem. Nelas, não há depois, apenas durante. Independentemente de ainda estar vivo, você vive em cada um com os quais trocou, quiçá com os quais esses trocarão.

[Nesse sentido, podemos dizer que, entre humanos, não há finitude, há finitos.]

VOCÊ É HUMANO:
distingue preço de valor

Dê uma olhada como juntei as pecinhas na minha cabeça: trocas ampliam repertório e se dão no encontro com o outro, o qual é (um) caminho para o que mais desejo. Logo... trocas impõem consciência sobre minhas faltas; assim, geram autorresponsabilidade sobre minhas escolhas e autoconhecimento. Quanto mais trocas, maior repertório, maior leque de possibilidades, menor probabilidade do vício, mais independência.

Para perceber os resultados dos cinco passos, monitoro meu humor, principalmente enquanto busco por trocas. Ah, se me sentir reforçado a continuar exercitando-os, é sinal de que estão dando algum lucro. O que acha? Quase resumi nossa conversa, hein (risos)?! Agora é só praticar! 🤜🤛

A-DO-REI! Eu entendi bem? Pretende exercitar os cinco passos? Então o resultado dessa conversa foi reforçador!

É! 😊 Agora, pensei algo muito louco! Se esta é uma transcrição de nossas conversas e voltei para lê-las, é sinal de que já tinha sido reforçador antes.

Faz sentido. Lá no comecinho, quando escolheu avançar nestas páginas, você o fez porque, muito provavelmente, já tinha sido reforçador fazê-lo. Os resultados que já obteve, em conversas anteriores, moveram você até aqui. Resultados são produtos de escolhas; escolhas são produtos de resultados.

Escolhas guardam informações que, uma vez organizadas (escuta das escolhas), revelam (auto)conhecimento. Encaixam-se construindo o caminho (história da vida), cujo sentido dá compreensão aos porquês (propósito). A compreensão (do porquê você escolheu isso e não aquilo) leva à sabedoria, ao saber de si (contrário à ignorância de si).

Desse ponto de vista, poderíamos dizer que sabedoria é autoconhecimento em ação; você escolhendo com sentido, protagonista de sua história, não coadjuvante ou mero figurante.

[Acho que posso ser até menos, Sofia. Às vezes, eu me assisto como a um filme estrangeiro sem legenda.]

Dá para exercitar isso?

Humm... Um bom começo seria tentar distinguir negociável de inegociável. Esses pilares sustentam o sentido dos resultados (independentemente de quais sejam) de suas escolhas; dão-se pelo juízo que separa preço de valor, os quais separam culpa de responsabilidade.

Esse exercício, inclusive, previne contra a miséria psíquica, já que, enquanto a responsabilidade é reforçadora, a culpa é enfraquecedora do comportamento de agir, ou seja, da aquisição de repertório.

Exemplo?

Você deseja algo, mas não pode comprá-lo. Nesse momento, roubar é negociável?

Não sei.

Se tem dúvida, já deixou de ser inegociável. Questione-se: o que de pior pode acontecer? Esse roubo vale os anos de reclusão previstos em lei?

Se a resposta for sim, a culpa não será sua companheira de cela. Se for não, mas ainda assim roubar... poderá descobrir a diferença entre o quanto custa e o quanto pode pagar.

Impor consciência sobre os possíveis desdobramentos das escolhas (negativos e positivos) confere valor à tentativa. Justamente esse valor ampara a decisão de ter tentado (e até voltar a tentar), ainda que falhe. Sem culpas, responsável pelas consequências, apropriado do valor da experiência.

Assim, você não é culpado por não ter atingido o resultado que desejava, mas responsável por ter tentado se aproximar dele, tanto quanto possível, naquele momento. Movimentou-se, enriqueceu seu repertório, percorreu a distância entre o lugar em que se encontrava antes e agora. Se, com o repertório de antes, chegou até aqui, aonde chegará com o repertório de agora?

Faz sentido. Quando tenho uma prévia do quanto pode custar, o valor aparece, ou não [isso ajuda a escolher!].

Sim! Você faz contas o tempo todo: quanto custa versus quanto vale. Imponha consciência sobre elas, pergunte-se e a resposta virá:

está caro ou barato? Nesse momento, o resultado do investimento parece reforçador ou não?

Antes de investir tempo nestas páginas, você fez contas. E continuou fazendo durante a leitura. Esta conversa começou em um determinado lugar, no entanto, há alguns minutos, você já se percebeu em outro. Poderia ter fechado este livro bem antes de o movimento acontecer e partir para outra atividade?

Sim, mas mantive minha escolha.

Por quê?

Porque, de alguma forma, estava sendo reforçador para mim.

Obrigada por me deixar saber. É reforçador para mim saber que é reforçador para você. 😋

A propósito, minha água de coco já acabou e ainda não passeamos pelo caminho de como se relacionar com o outro.

Sério? Humm... você não percebeu o que acabou de fazer?

Não.

Usou um ingrediente da fórmula mágica para as relações com o outro.

Usei?!

Sim: deixá-lo saber que foi bom (para você).

Fui corajoso! 👊👊

Isso foi uma comemoração?

Sim! 🥂

Além de corajoso, você foi reforçador (positivo, risos)[19]. Humm... Tive uma ideia! Que tal brincarmos de dissecar?

???!

---

[19] Já sabemos que consequências reforçadoras aumentam a probabilidade de o comportamento voltar a ocorrer. Ou seja: quando você é reforçador, é capaz de aumentar a probabilidade de um comportamento voltar a ocorrer. Bom, né? 😋 Melhor ainda se for reforçador positivo!

VOCÊ É HUMANO:
a mágica da fórmula

Se dissecasse esta sua frase... o que sobraria dela: "Acho que muito desse medo de se mostrar vem de não saber o que o outro fará com nossas fragilidades"?
Medo do outro.
O que ele (não) fez a você?
Não sei (que sei), mas parece que tenho medo.

Seus medos são, em grande parte, produto de (suas) experiências de dor. Assim, a lente pela qual olha o outro, neste momento, pode enxergar nele a probabilidade de mais dor ou algum prazer. É aqui que fica sabendo se há equilíbrio entre o que tem escolhido guardar de suas trocas: o que "perdeu" ou "a perda".

Sim, não há motivos para se expor à dor sem perspectiva de prazer, mas a postura defensiva instalada supõe o mundo uma guerra, na qual qualquer expressão pode dar munição ao inimigo. A partir daí, a solução expressa-se em não se expressar.

É, às vezes me vejo peneirando o que não posso falar, porque já tive minhas fragilidades usadas contra mim, por alguém em quem eu confiava muito.

[Esperado, você é humano: busca prazer, evita desprazer.]

Não sei qual o contexto, mas será que ele realmente atacou ou apenas se defendeu de você?

Eu recebi um ataque.

A própria fragilidade pode transformar o entorno em ameaça. Daí a necessidade de se defender todo o tempo, muitas vezes com ataques. Topa ver a postura defensiva por outro ângulo?

Posso tentar.

Ok. Vamos imaginar uma situação hipotética. Enquanto tem medo, você se defende. Porém, o outro lado não percebe motivo para você se defender, justamente porque não o atacou. Desse ponto de vista, ele pode se sentir atacado gratuitamente. E se resolver se defender?

Aí, vou me sentir atacado gratuitamente, porque não o ataquei. Confirmarei meus medos.

E se ele também confirmar os medos dele? Vê? De todo esse desencontro, eis o ponto que mais merece atenção: as consequências aumentarão a probabilidade de se manterem na defensiva.

Medo é útil, Sofia.

Com certeza! Ainda assim, quando em excesso, o medo deixa de preservar para matar o que se propõe defender: a vida.

Dê uma olhadinha nessa conta comigo. Imagine... cada vez que você investe no mundo, mas não tem o retorno esperado, uma nova camada de resultado se acumula, formando o que podemos apelidar de couraça.

A couraça vai proteger de ataques? Sim. Porém, também vai dessensibilizar para um carinho, por exemplo. Sabe por quê? Porque você estará preparado para não o receber.

Não entendi a relação. Por que não?

Olhe a brutalidade da assimetria! Se você tomar uma punhalada, ainda que a couraça absorva parte do impacto, alguma parte você sentirá. Nesse momento, chegará à conclusão óbvia de que é muito útil ter couraça.

Sim, caso contrário, o impacto seria maior.

De fato. Em contraponto, protegido pela couraça, a probabilidade de um carinho alcançar sua pele é bem baixa; talvez nem fique sabendo que o carinho aconteceu.

Ou seja, você sempre contabilizará quando a couraça evitou dor, mas dificilmente quando evitou prazer. A qual raciocínio lógico suas experiências conduzirão? Instala-se a postura defensiva em nome da sobrevivência.

Está errado?

Não há errado. Há autorresponsabilidade por suas escolhas. Se suas contas fecham, esse é o caminho, até que deixe de ser. Humano é momento.

Seria bom se desse para equilibrar, né? 🤔

Que tal medo como item essencial à vida e não à sobrevivência? Faça as contas: o que você pode investir a fundo perdido? Um pequeno limite que, se der lucro, aumenta a probabilidade de voltar a investir; se não der, ao menos não traumatiza. Assim, não extingue o medo, mas reforça a coragem.

Sabe aquilo que você tem em abundância? É para isso que serve, não fará falta se gastar um pouquinho. Tente gerenciar os riscos. Isso não garantirá 100% de sucesso; mas a imperfeição, na pior das hipóteses, o manterá humano.

Só não esqueça de comemorar os lucros. A ideia é que eles compensem o investimento a fundo perdido. Se não os registrar, não será reforçador, a conta não fechará.

Parece razoável.

É saudável que se preocupe com o que farão do que oferece. Ainda assim, já parou para pensar no que faz a você mesmo quando não oferece? Para onde vai o que tem a oferecer? Uma coisa é certa... não sai na urina.

Autorrejeição.

Hum-hum... Quando, por autorrejeição, não oferece o que tem, fere-se; em carne viva, até um sopro dói. Nesse caso, a dor fala mais de sua fragilidade (naquele momento) do que necessariamente da força com a qual se sentiu atacado, percebe? Qual a diferença entre receber um pisão de pé com a unha saudável e com a unha encravada? O pisão continua o mesmo, já a dor...

Você vive em sociedade. Por isso, quando reduz o outro aos outros que permanecem doendo em você, a vida torna-se insuportavelmente dolorosa.

O instinto evita dor, lembra? Se viver for dor, você evitará viver (trocar). Assim, instala-se a fome, a qual não deixa de ser dor. Você viverá a morte (de fome).

[A propósito, já reparou no que a dor faz com o humor das pessoas?]

Sim, fome também dói! Com fome, não dá para manter o bom humor, não. Como trocar sobreviver por viver com o estômago (psicológico) roncando?

Trocando, oras!

Dã.

Não! Não foi piada, não! Fez todo sentido para mim, é simples: nas trocas, você se sente vivo.

Matar, ou melhor, atender à fome é questão de sobrevivência! Isso é inegociável, Sofia! Caramba! Meu psicológico tem (mais que) fome!

Sim! Tem sede, calor, frio, cio, enfim... tem faltas! Como pretende manter seu psicológico bem alimentado?

Deixe-me ver o menu (risos)... *Hobby*, voluntariado, esportes, círculos de amizades, grupos de interesses em comum, viajar... É um banquete! Realmente não falta mundo onde trocar.

[Silêncio.]

Que coisa! Há algumas páginas, pareceu que um círculo se fechava, vi tudo encaixadinho, agora... Pensando melhor, parece que nunca se fecha! É lição de casa infinita! Olha só: quanto mais troco, mais consciente de minhas faltas, menos delego a responsabilidade de atendê-las; mais enriqueço meu repertório, mais tenho a oferecer a mais mundos dos quais posso ser parte; mais (auto)aceitação, mais pertencimento, mais trocas, e recomeça!

Sim, você está vivo: cada piscadela, uma nova pecinha. A-DO-REI! Mas, olhando daqui, não vejo exatamente um círculo.

O que vê?

Toda vez que "junta mais pecinhas", você está desenhando crescimento, os passos se ampliam. É algo que o movimento da bolsa de valores, composições musicais, procriação de coelhos, conchas de moluscos e galáxias têm em comum: a proporção harmoniosa na qual a vida se desenvolve[VII], fato que faz deste caminho algo essencialmente belo.

O que vejo? Se pudéssemos mensurar o que estamos fazendo aqui, a geometria traduziria a beleza de nosso encontro em uma espiral logarítmica.

É estranho, Sofia... Quando você fala da beleza do encontro, lembro mais dos momentos em que fiquei sabendo que o encontro não aconteceu, ou seja, dos desencontros. Lembro dos gestos negando as vontades, dos atos disfarçando os sentimentos, das falas que não diziam o que queriam, do silêncio que não salvava a palavra, mas a matava.

Sabe, eu queria tentar entender os desencontros que tive na vida, os momentos em que "faltou pouco, mas não foi dessa vez", que me fizeram sentir andando em círculo.

Hoje, percebo que nesses momentos o círculo resumiu-se a uma circunferência. É isso! Uma circunferência, nada mais do que um círculo (cheio de) vazio: apenas eu e minha falta; o vazio da falta de encontro nos desencontros. Talvez desencontro seja isso... uma circunferência tentando ser espiral logarítmica, antes de encontrar a Razão Áurea.

Fez sentido para mim. Sabia que a Razão Áurea também já foi chamada de Proporção Divina[VII]?

Mas o que é proporção? Podemos usar proporção para falar da relação entre as partes e das partes com o todo. Pense suas relações a partir disso. Assim como o outro, você é um mundo que conserva a estrutura do Universo, do todo do qual são parte. É como observar uma rocha e perceber nela a montanha em menor escala. Algo da ordem da onipresença (o todo em cada parte)[VII].

Quando você percebe a perfeição como o todo, a beleza é um fractal que a manifesta, que se dispõe apesar da rudimentar capacidade humana de compreensão, a qual também não deixa de ter sua beleza, já que o desenvolvimento se orienta por essa Razão (expressão da beleza).

Encontro é uma relação harmoniosa entre você e o outro; expressa beleza em simetria com a perfeição, em menor escala.

Já me sinto um fractal do Universo (risos)!

Boa! Um fractal do Universo! É como vejo o (ser do) humano: o infinito limitado(?) ao finito.

Já conheci esse limite, sei bem onde fica. Ainda assim, confesso... sempre que o limite me disse "não foi dessa vez" eu escutei "há mais (e) além". Mas onde fica o infinito? Qual o caminho?

Humm... Acho que tenho um exemplo. Sabe quando você lê uma poesia e diz "que lindo!"? É lindo onde? Onde esse emaranhado de letras em ordem arbitrariamente convencionada dá sentido ao seu vazio, opera no seu ser? Qual o caminho para chegar lá?

Sei o que é lindo, só não sei onde é. Mas se poesia for caminho, já cheguei bem perto, Sofia.

Consegue descrever para mim?

Prepare-se! Agora vou juntar pecinhas, hein! Uma poesia me alcança porque fala em mim, ou melhor, por mim. Dá voz ao que posso para além do meu limite (de visão), já que fui (pre)visto fora dele, por outra parte do todo (no caso, um poeta).

Ou seja, não leio a poesia, a poesia me lê quando nos encontramos no que já estava escrito em mim. Para mim, poesia é linguagem de sinais que revela a cegueira seletiva de si. É como se os sinais me lessem em braile: conforme vão me tocando, vou me enxergando. Feito varinha mágica.

Ora, se além do meu limite há o que me alcança, também posso alcançar algo além do meu limite, até porque foi lá que nos encontramos.

E mais! Se (me) mostro (n)essa poesia para alguém que também se encontra nela, trocamos, ampliamos para além de outros limites. Por isso é tão bom compartilhar sons, escritos e imagens que tocam, porque fazem vibrar junto de outras partes que me compõem feito música.

Enquanto música, posso t(r)ocar (em) qualquer parte, encontro lugar, tenho lugar nesse encontro. Resumindo... quando sou (pre)visto fora da circunferência que me limita percebo que posso ir além.

Em compensação, quando experimento o desencontro não há poesia, a sensação é oposta... nenhum lugar é lugar. Parece que estou sentado em uma cadeira cheia de pregos, mas é só para ter a desculpa de que trocando a cadeira tudo se resolve, quando na verdade os pregos estão no meu próprio traseiro. De nada adianta trocar a cadeira... eu me sinto o mesmo lugar cheio de pregos, não importa a cadeira em que me sente. Nem mesmo sinto a cadeira! Eu me sinto parte de nada, como se me resumisse ao meu vazio. O nada me lembra de que permaneço pregado bem no centro de uma circunferência, cercado de limites, limitado pela falta de beleza por todos os lados.

Bem, enquanto se sentir uma ilha, cercado de falta de beleza por todos os lados, você será qualquer coisa, menos falta de beleza, né? (risos). Ah, adorei a "varinha mágica"! ❤ Quanto ao "para além do meu limite (de visão)", pois é... Talvez o caminho esteja para além do ver, a exemplo da Razão Áurea, um número irracional que desafia a ampliar sob a égide do que não tem fim e nunca se repete. Isso lembra alguma coisa?

A lição de casa infinita!

Sim! Em outras palavras, o ser do humano. O humano "é" diante do que o desafia para além de seus limites. O que o desafia é o surpreendente, o espanto da vivência do que nunca viveu. Eis o desafio do encontro: a troca sem nenhuma garantia, salvo a de que ela é o único caminho para a beleza (transcendência da finitude).

Razão Áurea, Universo, mundo, encontro e beleza foram nomes que tomei emprestado para tentar nomear o inominável; você encontrará outros na ordem de seu próprio caos.

Acredite, meu caos não tem ordem.

Tem, sim. Não é porque você não (pre)vê, que não está(rá) lá. Por falar nisso, é impressão minha ou enquanto poetizou sobre poesia descreveu um encontro que viveu?

 Eram lembranças sim. Lembranças de uma pessoa, ela é poesia que se encaixa perfeitamente em minha música.

Ela já sabe?

Não, ainda não. Eu acabei de descobrir.

[Silêncio.]

Humm... Parece que voltamos ao outro, um lugar de trocas, pecinha que quando não encaixa revela espaço vazio.

Exato! Por esse motivo, precisamos falar mais sobre a fórmula mágica! O que ganho quando deixo o outro saber que foi bom?

[Como bom interesseiro, ótimo que saiba o que ganha, mas já parou para pensar: o que você poderia perder?]

Se eu não tivesse certeza de que essa pergunta não precisa de resposta, eu responderia: alguém já olhou nos seus olhos e disse "é bom estar com você"? Descarte as paixonites, lembre-se apenas daqueles olhos que enxergaram bem dentro dos seus, que fizeram você correr... para dentro de si e ser hospitaleiro com a visita. Lembra do que sentiu?

Mas como certeza é algo duvidoso, acrescento... saber que foi bom significa que o encontro foi reforçador (positivo), que cada um levará a beleza do outro consigo, permanecerão vivos para além do tempo: alcançaram-se, você esteve lá, lá estará (em) você.

É o que podemos experimentar aqui: a beleza que reforça a acreditar na perfeição (do encontro entre oferta e procura).

Humm... Parece que as relações com o outro e consigo mesmo vão por caminhos que se encontram muito, né?!

Literalmente (risos)! Literalmente, por muitos encontros!

Eu me escuto para saber quem sou, mas o que farei com quem sou? Quero um lugar para ser. O caminho para esse lugar passa pela (auto)aceitação que, antes, passa pela expressão. Com quem me expresso? Estamos de volta ao outro e à fofoca!

Faz sentido! Você aprendeu a caminhar caminhando. O caminho para relacionar-se com o outro é se relacionar com o outro (e consigo mesmo, afinal, você é o outro do outro): só quer o mesmo que ele (e vice-versa), lembra?

Ah, tá! ☹

Poxa, não faz essa carinha, vai.

Que tal mais alguns ingredientes para a fórmula mágica? 😊

Você já sabe, falamos deles: experimentar a perspectiva do outro, principalmente nos desencontros; admitir que é tão interesseiro quanto ele; cuidar do que guarda (equilíbrio entre "o que perdeu" e "a perda"); não esquecer de que o outro também é humano (quer o mesmo que você). Ah, tem um ingrediente que o Tio da minha amiga Imma resume sabiamente: "Eu aguardo. Mas não espero nada" [VIII].

Porém, há um calor (humano) no qual essa fórmula precisa apurar, chama-se troca. Faltas encontram propósito nas trocas, são espaços no aguardo de sentido de existência (vida). Vida é movimento. Sem movimento, o espaço da falta é só vazio sentido sem sentido.

O tal vazio existencial, não esqueci [percebi que repetiu; foi bom, ajudou a juntar mais pecinhas].

Relações com o outro nada mais são do que trocas. A beleza das trocas revela o poder da amplidão sobre o espaço da falta (necessário a elas). A falta como companhia na vida lembra que é sob o olhar de outro humano que o humano se torna humano.

Você fala de trocas como se sempre fossem boas. Sabemos que não é bem assim.

Vida é troca. Se todas as trocas fossem boas, esta conversa não teria razão de ser. Estamos aqui justamente porque não o são. Mas o que é bom, afinal? O bom de hoje talvez não o seja amanhã [daí a importância de guardá-lo a salvo].

Um bom-dia é uma troca. Você recebe todo bom-dia ao qual responde? Se sim, recebe todos da mesma forma? Um bom-dia pode ser muita coisa, até o desejo de dia ruim. O que o outro ofereceu? O que você recebeu?

Deixe-me adivinhar... Depende da minha escolha: como recebo, guardo e lembro.

Boa! Quer algo para chamar de seu? Que tal suas escolhas? Cabe a você gerenciar riscos, contabilizar o retorno de seus investimentos, perceber o que dá lucro. Quando faz contas do quanto custa perdoar, ofende(-se)[20] menos. Use sua criatividade: o que poderá fazer de bom, por você, com os recursos que economizará?

Falar é fácil, Sofia.

Fato. Bem... essa é uma boa hora para fazer jus ao título de interesseiro: se for difícil compreender as razões do outro lado, pense nas suas, ao menos, por autopreservação.

Ah... sempre bom lembrar: você repete o que é reforçador. Investimentos têm entradas e saídas, esteja atento ao saldo que o mantém na relação. Em que momento passou a ficar negativo? O que deixou de ganhar a ponto de desequilibrar a conta até a ofensa? Dá para resgatar?

Na teoria é uma coisa, na prática é bem outra. Sinceramente, nem sei por que continuo tentando.

---

20 O que é uma ofensa? Pense em algo apodrecendo dentro de você, do qual urina nem fezes dão conta de excretar. Lembrou da somatização? Pois bem, se a ignorância isenta, a consciência implica. Agora, você já sabe aonde isso pode parar, tem opções. O que escolherá?

[Deixa de ser teoria quando você pratica. De qualquer forma, é só uma sugestão, aceito outras. 😊]

Por que continua tentando?! Era uma vez, uma "satisfação". Você a registrou de tal forma, com tal profundidade, que marcou sua vida com uma busca incessante, até a sua morte. Até a sua morte, no sentido de que não se repetirá, mas apenas...

A maldição! Aquela maluquice de buscar o que sei que não alcançarei! Mesmo assim, ainda falta uma pecinha. Tem um porquê aí que não encaixei, Sofia!

Seu desejo é ser desejado pelo outro, quem sabe ser o que falta nele, ter um lugarzinho lá... como aquele que era só seu, até o seu nascimento. Você perdeu a barriga da mãe para ganhar o Universo; nele, busca seu mundo. Como busca?

Trocando (valor).

Percebe como você já tem as respostas? 👍 Se não deseja o que o outro tem a oferecer, como trocarão? Se não trocam, como viverão? Podemos chamar esse "porquê" de aceitação, uma necessidade quase fisiológica do humano.

Humm... Melhorou. 😊

Passo 7 – Comemore a realização de tudo, ABSOLUTAMENTE TUDO, que (desejou) realizar.

Isso já não está no quarto passo?

Tem razão, lá a comemoração divide espaço com o verbo ter, mas agora percebi que merece um passo só para ela.

Cadê o porquê?

[Nossa! Isso está mesmo reforçador, hein?!]

Porque comemoração gera emoção positiva. Emoções fixam memória. Memórias de conquistas alcançadas lembrarão do que você é capaz... acaso duvide (em algum momento, duvidará). Em outras palavras, porque diante de uma nova vivência, é esperado que busque memórias (repertório) para potencializar ou amenizar os efeitos sobre você (sua história).

Humm... Por isso é tão importante como guardo e lembro de minhas trocas.

Com a ideia de que não são 5 passos

Sim! O que (e como) consegue organizar a partir de suas memórias (des)controlará suas emoções, suas relações, seu humor (o termômetro); será a lente pela qual perceberá o mundo e fará escolhas, consequentemente escreverá sua história [todas as escolhas estão em todas as escolhas].

Do que fala sua história?
Do que escolho.
Do que fala sua escolha?
Do que desejo.
O que você deseja?
O que falta[21].
Uau!! Toca aqui!

Passo 8 – Crie seus próprios passos.

Passo 9 – Compartilhe-os. Será uma honra voltarmos a trocar. 🙏

Com amor, sua Sofia. ❤ [Eu sempre quis escrever isso.]

Espere!! Por enquanto, não tenho sugestão para o Passo 10, mas quero compartilhar com você algo que ainda não conversamos. Pensei nisso agora!

---

21 "Falta? O que é falta?". Suas definições de falta foram atualizadas?

VOCÊ É HUMANO:
tem seu próprio passo

Estou ouvindo!

A angústia da morte, para mim, é não saber que sei que não dará tempo. Ou melhor, eu sei, mas não quero saber.

Bem lá, onde guarda a angústia da morte, você sabe que não haverá tempo para tudo. Por isso, as escolhas precisam ter sentido, caso contrário, poderão ser atalhos que levam mais rápido, sim, mas a destinos que não são os seus.

Diante de tudo que quero fazer, acho que faço muito pouco. É, de alguma forma, sei que não terei tempo para tudo. Em busca de atalhos, acabo me perdendo. Cada uma das realizações que disputam meu tempo torna-se uma ansiedade e vai se somando. Pesa, sabe. Parece que estou sempre em débito.

Daí, o desejo de querer fazer tudo me paralisa e passo um bom tempo sem fazer muita coisa. Um desperdício! Isso consome todas as minhas forças. Quando não me exaure, vem uma descarga enorme de energia acumulada, o coração quase salta pela boca. Sinto medo da falta de tempo tirar o (pouco) tempo que tenho.

Consegue nomear isso?

Acho que é medo da morte. Afinal, não me movimentar já seria uma proximidade da morte, né? Nossa! Nunca tinha pensado nisso! Às vezes me recolho, evito o mundo para não correr o risco de desejar ainda mais: se não estou dando conta nem dos desejos que já tenho, para que acumular outros, né?

O que você falou faz sentido: na condição de humano, consciente de sua finitude, sabe que, quando escolhe algo, necessariamente abdica de algo, justamente porque não dará tempo para tudo.

Pois é. Só posso uma escolha de cada vez; porém, para cada escolha, quantas renúncias?

Tantas quantas você nunca saberá (ainda bem, né?). Como a assimetria é enorme, chego a pensar se a dificuldade não reside mais nas renúncias (supostas perdas) do que na escolha.

Agora fiz um *link*... com a importância de saber o que se deseja, escutar as escolhas, conversar com a falta. Se o que ganho (escolho) é o que desejo (naquele momento), todo o "resto" não me soa perda, já que nem é opção.

Que lindo isso! É como se você pudesse escolher sem abdicar, como se burlasse o tempo, a finitude. Assim, por uma breve eternidade, fosse imortal. Você já experimentou isso? Fiquei curiosa.

Já. E sabe quando foi? Quando descobri que era correspondido (risos).

Ah, aquela paixão?

Siiiiim, aquela! Quem sabe seja a isso que os apaixonados chamam de "me completa": um momento em que nada mais falta. Puxa... como é bom saber o que se quer, né?

Talvez hoje, o objeto dessa paixão já não exerça a mesma percepção de completude sobre você. Fica a questão: é o outro quem o "completa"?

Agora, pensando melhor... o que me "completou" foi ser desejado (pelo que eu desejava).

Naquele momento.

É... naquele momento (suspiros). Quanto tempo pode durar esse momento?

Enquanto você desejar.

[Silêncio.]

Humano é momento, finitude eterna da mais completa incompletude. Invariavelmente, deseja o que não "tem". Hoje, daria a vida para tanto; amanhã, talvez nem um minuto de seu precioso tempo.

Isso! Quero tanto, taaanto e quando tenho... parece que preciso dar uma "perdidinha" para lembrar (que esqueci) que quero.

Ou saber (que já sabia) que não queria mais. Vamos transportar isso para a vida como um todo?

Manda!

O que valoriza a vida é a morte.

???

A finitude é providencial à providência. Fosse o homem imortal, morreria de inércia. Por isso, tem vida suficiente para não esquecer de que imortais são os momentos que a eternizam (para além de início e fim). Contudo, muitas vezes, só percebe isso quando "perde". Por exemplo, quando alguém próximo morre.

Nossa! Depois disso, aquela expressão "vou dar um perdido" nunca mais será a mesma para mim (risos).

Ok, já matei minha curiosidade (risos). Retomando... É como se você pudesse escolher sem abdicar, como se burlasse o tempo, a finitude: estar no exato lugar em que deseja estar, fazendo exatamente o que deseja fazer. Quem teria medo da morte enquanto vive (o tempo) assim?

Em contrapartida, a morte do aqui e agora (falta de viver) mantém viva a ansiedade que faz "o coração quase saltar pela boca".

Percebe como tudo está em você? Conforme percebe, vai enfraquecendo a necessidade de possuir. A posse finalmente dá lugar ao pertencimento; por isso não haverá mais o que perder, nem mesmo a vida, porque o (tempo) que você viveu permanece (não só) em você.

Isso está confuso, Sofia. Se a vida estivesse sendo reforçadora, eu desejaria viver mais, concorda?

Sim, mas a escassez de vida também poderia ter o mesmo efeito. Vem cá: para você, o que é "viver mais"?

Viver mais, oras! Ser imortal! É! A imortalidade estaria de bom tamanho para mim. Eu não teria mais medo de não ter tempo, já que nada poderia me tirar a vida.

Deixe-me tentar entender: você quer ter (mais) tempo para viver ou viver (mais) o tempo que tem? [Vamos tentar distinguir uma coisa da outra.]

O que é viver? Se viver é ser visto, reconhecido, escutado, lembrado, desejado, você poderia ser imortal, mas ainda assim não viver. Para não viver, bastaria se isolar da humanidade ou não trocar valor com ela.

Ter mais tempo para viver não, necessariamente, significa que o viverá (quantidade versus qualidade). O que você sente como falta de tempo pode ser uma súplica por (qualidade de) vida.

Não estou acompanhando, não. ☹️

Ok. Talvez isso não faça sentido para você (neste momento).

Mesmo assim, eu gostaria de levar esse raciocínio comigo. Vamos seguir?

Iá. Vamos de outra forma. Imortalidade (a posse do tempo) significa ter todo tempo para viver; mas não morrer significa viver? Se, mesmo sabendo que vai morrer (falta de tempo), você desperdiça (tempo de) vida, será que a imortalidade mudaria tanta coisa assim na sua forma de viver o tempo?

Para você, o tempo (parece que) falta, por isso deseja sua posse definitiva. Entretanto, possuí-lo garantiria o quê?

Ah, no mínimo, o fim da angústia da morte.

Houvesse "cura" para a angústia da morte, seria mais tempo ou mais vida?

Não sei! Só sei que preciso de tempo para viver a vida, oras!

Você pode ter tempo para viver e, ainda assim, não (o) viver. Viver o tempo é viver a vida. Você tem tempo! O que está fazendo com ele?

Tive uma ideia: que tal tentarmos entender melhor essas formas de comunicação consigo mesmo, que você percebeu como ansiedade e angústia?

Tá, vamos tentar.

Vou de exemplo biológico, porque esse idioma você fala bem. Dor de cabeça pode comunicar desde fome, sono, falta de óculos até disfunção temporomandibular ou um aneurisma cerebral. Se há dor de cabeça todo dia, é sinal de que algum desequilíbrio pode caminhar para a cronicidade. Você vai tentar se adaptar como der, afinal, a ordem é fugir do desprazer. Qual a forma mais fácil de silenciar uma "simples" dor de cabeça?

Um comprimido?

Quantas pessoas você conhece que carregam bolsinha de remédios?

Algumas.

Eu também (conheço).

Dor de cabeça é queixa inicial. Assim como a angústia, é uma comunicação a ser investigada, uma forma de "puxar conversa". Se está gritando alto demais, será que tentou conversar amigavelmente, mas não foi escutada?

Faz sentido, porém há casos em que é necessário medicar!

Sim, por meio de orientação profissional especializada que possa fazê-lo com segurança. Do contrário, você pode perder a audição de si de forma irreversível. Contudo, mesmo que a dor de cabeça seja silenciada com solução imediatista, não cala a conversa que você precisa ter consigo mesmo; ela encontrará outras vias para se expressar. Vias as quais você poderá entender como efeitos colaterais, mas isso nem chega a ter importância, dada a proporção que essa bola de neve pode tomar.

A angústia comunica um fato relevante carente de atenção, para o qual há alguma surdez ou distância. Como você tenta se comunicar com alguém que não escuta bem ou não está perto o suficiente?

Gritando.

Por isso, é preciso estar atento aos sussurros (autoescuta), antes que gritem.

Agora, vamos falar de outro tipo de comunicação. Nessa, você já conquistou fluência pelo autoconhecimento. Lembra do exemplo da bexiga cheia? Diferentemente da dor de cabeça, nesse segundo exemplo, o recado é claro.

Sabe por que é claro? Porque as relações que já teve consigo mesmo facilitam as coisas, dispensam investigações. Pode até ser que não se lembre, mas deu trabalho alcançar fluência na comunicação com seu esfíncter; antes disso, você simplesmente observava a urina fluir. Por acaso, já tentou se fingir de surdo para sua bexiga?

Já.

O que aconteceu?

Ela seguiu o curso natural das coisas.

Exatamente! Optou pelo menor dano: no caso, foi melhor extravasar do que implodir (vale para o psicológico também).

A bexiga começou avisando baixinho. Aos poucos, foi aumentando o tom de voz, (comunicando algo óbvio, não "do nada"). Você sabia exatamente o que deveria fazer (autoconhecimento). Por algum motivo, não pôde dar ouvidos a ela. Deu no que deu. Se continuar a ignorá-la, dia após dia, talvez precise carregar uma bolsinha com solução paliativa e, com o tempo, definitiva.

Importante: você não foi consultado, foi comunicado de uma necessidade. Graças à boa comunicação, houve tempo para se organizar em função da proximidade do limite. Ainda assim, o fluxo seguiu independentemente de ter sido atendido no momento em que deveria (de acordo com o socialmente aceito).

Por que voltei a esse exemplo? Para reiterar a diferença entre controle e conversa. Ainda que seja uma comparação grosseira com o psicológico, ilustra o que a autoescuta pode fazer pela qualidade da comunicação consigo mesmo, portanto, por sua saúde (não só) mental, baseada no respeito aos próprios limites (inclusive aos que podem ser ampliados).

É simples. Seu organismo o respeitará na mesma medida em que for respeitado. Para tanto, vocês precisam se escutar.

Estou fazendo contas... Psicoterapia é uma forma de exercitar autoescuta, e autoescuta evita dores de cabeça, né (risos)?

Humm... É, mas fazer psicoterapia com a finalidade de evitar algo é como diminuir a velocidade do carro apenas para não ser multado, e não por respeito ao trecho escolar.

Cuide do que o mobiliza a agir, para que volte a fazê-lo não porque evitou que algo acontecesse, mas porque fez por onde acontecer. Medo é bem diferente de respeito. Medo fala de controle (coerção); respeito, fala das trocas de valor (cooperação).

[Note que evitar algo está no modo defensivo de sobrevivência: mais evitação de dor do que busca por prazer.]

Faz sentido. Quando grito comigo, infligindo dor, parece que faltou respeito. O (excesso de) controle pode me desrespeitar, da mesma forma que desrespeito o outro na tentativa de controlá-lo. Porém, não há como viver em sociedade sem controle, Sofia!

Humanos não têm controle, têm probabilidades. Agem como se o tivessem, esquecem de que (a ilusão do controle) não passa de probabilidades. Você não controla, no máximo contorna. O fluxo não estanca, apenas segue por uma via socialmente aceita. Quanto menos consciência impõe sobre o fluxo do que contornou, mais reforça a ilusão do controle.

Humm... Se eu não escutar a bexiga, já aprendi aonde vai dar o fluxo (risos).

É! Os "sistemas 'digestório e excretor' psicológicos"... não são tão previsíveis. Por exemplo: você não se expressou, engoliu a situação, mas digeriu? Onde foi parar? Evaporou? Nunca mais ouviu falar? Por onde anda? [Expressar não significa vomitar sobre o outro, mas sim dar conta da digestão/excreção.]

Anda sussurrando por meu corpo; pelas piadas sem graça da vida; pelo que falei, mas "não" queria dizer... até que resolve gritar para alcançar escuta.

Boa! Como você percebe esses gritos, esses sintomas físicos "do nada"?

Eu me sinto ameaçado! Não sei de onde vêm e nem o que podem fazer comigo!

Abalam sua ilusão de controle?

Claro! Está tudo funcionando bem, de repente... o coração começa a acelerar do nada? É mais forte do que eu! O que mais posso sentir além de medo? 😮

[Essa força é você. Imagine usá-la a seu favor!]

Medo do quê?

Da morte!

Humm... Será que esses sintomas corporais prognosticam ou diagnosticam morte? De que morte estamos falando? Do que enterrou vivo dentro de si mesmo, esperando que saísse nas fezes? Quem controla uma diarreia?

A necessidade de controle fala (do medo) daquilo que não pode (ter espaço para) se expressar, assim evita represália. Represa (ou melhor, tenta) para evitar represália porque, antes, julga que não será aceito. Nas trocas de valor não há controle, há respeito ao espaço do expressar.

Você falou que precisa se sentir em casa para se expressar. Como é se sentir em casa?

Ah, você sabe. Sentir-se bem recebido, respeitado, sem julgamentos... o tal aceito. Acho que quando nasci experimentei isso (risos). Quero repetir o que senti quando nasci! 😊

Sim, você foi desejado. Gostei da reflexão! Como se sentiria em um lugar assim, hoje?

Muito bem! Bem o suficiente para retribuir, até.

Humm... O valor das trocas! Teria motivos para sentir medo?

Não. Por que sentiria medo em um lugar amoroso?

Ótima palavra... "amoroso"! Repare que, onde há amor (próprio, inclusive), não há medo. Você é sua casa. Sente-se (em) um lugar amoroso? Sente-se respeitado ou controlado?

Se tem medo de si, ama-se? Amor é poder. Amar(-se) é (o) poder (do) ser. Qual o poder de ser quem você "é"? [Aceito pelo que tem a oferecer.]

Amar é poder ser... faz um bom *link* com aquela ideia: não mais o poder do controle, mas o poder de não precisar controlar. Amar é o poder de não precisar controlar.

Humm! Levarei isso comigo. ❤

Preciso trocar controle por conversa, desconhecido por intimidade, medo por respeito, porque quanto mais próximo de mim, menos grito comigo mesmo. Escutar "o grito" como uma tentativa de estabelecer comunicação, um sinal de que há algo a investigar, me aproxima de mim, alivia o medo.

Alivia de que forma?

Antes, soava ameaça. Agora, percebo que nada mais é do que eu mesmo pedindo atenção a mim, para me proteger, não me atacar.

Faz sentido. Grosso modo, angústia, ansiedade e afins pedem autocuidado. Autocuidado eleva o padrão das relações consigo mesmo.

Entretanto, é preciso estar atento aos seus limites, naquele momento, para que seja um caminho reforçador, não enfraquecedor.

Ah, não se deve esquecer de que a ansiedade também pode preceder algo bom, né? Lembra do encontro com o *crush*?

Nesse caso, há o perigo de rejeição, Sofia (risos)!

Sempre haverá, em qualquer investimento no mundo. Assim como o medo, a ansiedade tem sua função. Se a espécie humana não fosse capaz de antecipar o perigo, talvez não tivéssemos esta conversa (risos), já que houve um tempo em que se defendia de grandes animais carnívoros, por exemplo.

Por isso, quando você se prepara para algo que julga perigoso, fica ansioso, manifesta-se (uma faísca d)o instinto de sobrevivência.

Vendo por esse lado, a ansiedade não deixa de ser um comportamento defensivo, né?

É... preparatório para a devida defesa. Estranho seria se seu corpo não se comportasse à altura do perigo que você julga que enfrentará. A questão é: com que repertório você tem dimensionado os perigos? [22]

Humm... Um bom momento para fazer contas: o que de pior pode acontecer?

Boa! 👍 Retomando... Porque o tempo (parece que) falta, você deseja sua posse definitiva. Mas possuí-lo garantiria o quê?

No mínimo, o fim da angústia da morte!

Compreendi. Parece bom ter a posse de algo que tem medo de perder, né? Que tal ampliar um pouquinho seu olhar sobre essa questão. Daqui, soa mais do mesmo. Ou seja: é só desejo da posse de algo que não sabe quando termina (tempo) e não julga bom lidar com sua falta (guardadas as devidas proporções, claro, estamos falando da vida).

E se seu medo de que não há tempo (para tudo) fosse uma queixa inicial, a comunicação de uma falta, mas não (exatamente) do que falta?

Estou ouvindo.

---

[22] Assim como comida, água e medo, a ansiedade tanto provê vida quanto pode matá-la. Quando o nível de ansiedade causa prejuízo no funcionamento e sofrimento, compromete o desenvolvimento, torna-se patológico; portanto, deve buscar orientação profissional especializada. Como bem alerta o Tio da minha amiga Imma: A dose é a diferença entre o remédio e o veneno[ix].

A princípio, seu desejo de imortalidade apresenta-se como resultado da falta de tempo para viver tudo o que deseja viver, ainda assim você já escolheu deixar algo importante para depois?
Claro, né?
Desculpe, fui muito ampla. Vamos pontuar com foco: você já deixou de dizer algo de bom para alguém (pelo motivo que for), mesmo sabendo que aquela poderia ser a última oportunidade que teria? Afinal, estamos falando de dois mortais, concorda?
Sim, já.
Não precisa me contar o porquê. Fica de lição de casa para você.
Aonde quer chegar?
Seu desejo é ser desejado: (viver é) ser visto, reconhecido, escutado, lembrado. Se (seu tempo) não está vivendo o valor das trocas, isso talvez explique a confusão entre (não) ter tempo para viver e (não) viver o tempo que tem.
Por que você acha que sabe o que é viver, Sofia?
Porque já morri (vivi sem trocas de valor); porque todos os dias converso com pessoas morrendo da falta (de valor nas trocas).
Você tem o tempo para viver... está vivendo-o? Como tem vivido seu tempo? Acho que fiz essa pergunta de outra forma, lá no passo seis: você sabe, mas usa?
Justamente porque não o está vivendo é que precisa de mais tempo para viver. A única forma possível de alcançar a imortalidade, neste momento da ciência, é a troca com o outro (perenidade). Se sentisse que realmente está vivendo, teria tanto medo de não (se) dar tempo de viver?
Não viver mata. Talvez, o medo não seja da morte, mas de não ter vivido. O tempo escapa dos que não vivem. Os que vivem escapam do tempo.
[Silêncio.]
Ainda está aí? Está tão quietinho.
Estava relendo o *spoiler*.
Humm... Se este livro fosse sua história, qual seria a sensação de visitar o passado?

Estaria me sentindo confortável com o tempo, teria sentido escrever estas páginas. Quando as escolhas não fazem sentido, roubam meu tempo, porque apenas o assisti passar levando o momento de escolher.

Ei, mudando (nem tanto) de assunto, precisamos falar sobre a maior falta (de todas) desta conversa!!

Qual??!

O que é felicidade, afinal? Você falou de cinco passos para algo que não explicou o que é (risos)!

Explicar felicidade? A mesma saia justa de explicar beleza? 😮

Eu gostei da sua descrição de beleza. 😊

Obrigada! ❤ Mas convenhamos, o que é felicidade para mim pode não ser para o outro. Não só por isso, eu me atreveria a descrever, no máximo, o que sinto quando nomeio felicidade. Farei melhor! Você acabou de criar o passo 10!

Passo 10 – Descubra o que é felicidade (para você).

Você está brincando, né?

Sério? Quer mesmo uma definição de felicidade? Quem está brincando é você!!

Não, não estou. O que é felicidade? Qual a utilidade de cinco passos para o que nem sei o que é?

Para sabê-lo, oras!

Dã.

Tá, vamos tentar... Neste momento, para mim, felicidade é: saber-se capaz de enxergar a beleza; tê-la como parâmetro para articular melhor bem/mal, acerto/erro, inocente/culpado, enfim, equilibrar-se entre os extremos. Extremos não costumam ser gentis: excesso adoece, (de) falta também.

E como sei? Como me sei capaz de enxergá-la?

Quando a enxerga (risos).

Dãããããã. 🙄

Você está muito acelerado, nem me deixou terminar! Como eu ia dizendo... quando a enxerga, mas precisa impor consciência sobre isso, registrar, armazenar em lugar de fácil acesso [como bem descreve o Tio da minha amiga Imma: precisa ver que está vendo^x]. Esse será o recorte que escolheu da vivência, portanto, aquele que reviverá por toda a vida, lembra?

Assim, beleza será a lente pela qual perceberá o mundo, o idioma pelo qual conversarão, ou seja, será a via de suas trocas.

Trocas operam durante... durante toda a vida. Por isso, felicidade, seja lá o que for, não pode ser só quando já não é.

Como assim, "já não é"? 🤔

Não pode ser só quando já não é, mas desde quando "foi". Daí a forma como percebo felicidade: saber-se capaz de enxergar a beleza, para que opere a partir de então, para além do tempo. Do contrário, o que (re)viveu, desde então, não foi belo.

Por exemplo, sabe aquela expressão "eu era feliz e não sabia"? Qual o sentido dela para você?

Depois do que conversamos, parece um momento de beleza que foi enxergado postumamente.

Até fez sentido. Mas será que beleza morre? Pois bem, enxergá-la seria imortalizá-la. Em outras palavras, enxergá-la enquanto acontece e, a partir de então, permanece. Diferente da lembrança póstuma melancólica. Afinal, qual a utilidade da culpa de não enxergar a beleza no passado?

Tem utilidade, sim: aprender a enxergá-la no presente para, no futuro, não sentir culpa de não o ter feito, oras.

Humm... Assim parece que você age em função de evitar algo. Evitar algo fala de medo, bem diferente de respeito. Reforçar o agir por medo não parece uma relação muito respeitosa consigo mesmo [será que eu já falei isso? (risos)].

De qualquer forma, a percepção da beleza, ainda que "póstuma", também pode ser útil, já que enxergar o passado com olhos do presente dá chance de ressignificar.

Para ser sincero, não entendi muito bem esse tal ressignificar. 🤔

É como o próprio nome diz: atribuir outro significado. O recorte da vivência é seu, você faz dele o que quiser, quando quiser. Quando lembra de algo sempre do mesmo jeito, desde que o recortou, nada mais é do que a repetição de um comportamento. Pergunto: o que o reforça a continuar lembrando assim, o que ganha? Ou ainda: o que você perde lembrando de outra forma?

Vixe! Daqui pareceu que, uma vez recortado, fica difícil mudar, hein?!

Sim, daí a impressão de que não pode mudar o passado, tamanha é a dificuldade.

Posso?!

Você já sabe a resposta. Pense comigo: se você é sua história, e sua história é escrita por suas escolhas; quando escolhe enxergar um recorte do passado de forma diferente, dá a oportunidade de ressignificá-la.

Seria como reescrever minha história?

O que acha?

Ah, não sei... isso não me parece exatamente uma escolha. Preciso pensar a respeito, Sofia.

A escolha de ressignificar não é varinha mágica, com a qual você passa a enxergar beleza em uma vivência traumática, por exemplo. Nesse caso, é a escolha de buscar meios para enfraquecer a ação de um momento de sua vida sobre toda ela. Sim, porque agir, o momento agirá, mas com qual intensidade? Com qual sentido?

Teste! Teste em algo simples. Reflita sobre o quanto um aprendizado pode tanto facilitar, quanto impedir outros, especialmente os que ensinaram pela via da dor.

Cuide! Evitar dor não é buscar prazer. Evitar dor é norteado por medo, portanto enfraquece o comportamento de agir. Buscar prazer reforça-o [certeza de que eu já disse isso (risos)].

Naquele exemplo do choque, como seria comparar a mesma pessoa em duas vidas distintas: uma sem trauma e outra traumatizada, sem possibilidade de contato com tomadas elétricas por toda a vida?

Agora, imagine o trauma superado. O que mudaria a partir de então?

Tão ou ainda mais poderoso do que o efeito traumático é a escolha de buscar meios de ressignificá-lo. Conforme o trauma vai cedendo, você vai percebendo do quanto é capaz.

Sabe por quê? Porque se, com o repertório que tinha, venceu algo tão forte, o que será que vencerá fortalecido com essa conquista? Imagine mais! Imagine o poder dessa escolha bem-sucedida sobre outras frustrações! Será que é cumulativo?

É, se for bem-sucedida, né?

A partir do momento em que escolheu buscar meios de enfraquecer o trauma, em alguma medida, já foi bem-sucedida.

Não, não foi. Não há garantias!

Garantia não há, mas o medo que o trauma exercia era tamanho que paralisava, aprisionava. No entanto, a decisão de buscar formas de enfraquecê-lo já o enfraqueceu. O controle sobre você era total; agora, não mais. A liberdade não está nas asas, mas na relação com o medo das alturas.

Faz sentido. Só não sei como testar. ☹ Tem um caminho?

Que tal este? Escolha uma experiência, perceba como ela opera sobre suas ações, desde que ocorreu. Como se comportava antes dela? E depois?

De alguma forma o limitou? Você lamenta algo que ela impeça? Se sim, admita-a sob outra perspectiva e questione-se sobre o que perde/ganha ressignificando-a. Logo de cara, corre o risco de perder o objeto de lamento. Qual o custo disso?[23] Qual o valor do que ampliará? Está caro ou barato?

Isso não é fácil!

Ok. Comece com pequenas coisinhas. Por exemplo, as que lamenta recorrentemente. Sabe aquelas pessoas com as quais se sente à vontade? Pesquise com elas: "O que costumo lastimar?".

Se a lista for maior do que esperava (risos), cabe mais investigar seu hábito de lamentar do que os objetos de lamento [ou seja, o que ganha lamentando].

Ah, você também pode fazer o inverso: recorde outra experiência. Depois do que aprendeu com ela, o que passou a fazer com tamanha tranquilidade que nem lembra mais de como era antes?

---

23 Sim, não ter do que reclamar pode gerar custos.

Em seguida, lembre-se de como era antes; brinque de dar um desfecho inverso a esse evento; avance sobre a linha do tempo de sua vida, excluindo o que evitaria fazer, graças à inversão [por exemplo: será que atropelar alguém, na primeira aula da autoescola, teria adiado a segunda aula? O que mais poderia adiar?].

É impressão minha ou dá para ressignificar para os dois lados? 🤔

Essa pergunta me lembrou do jeitinho que você descreveu sua perda: "Foi tão grande que duvidei de que havia algo a perder".

É... afinal "humano é momento", "hoje, daria a vida para tanto; amanhã, talvez nem um minuto de seu precioso tempo".

Então, você duvidou do valor que a relação um dia teve?

Sim!

Que um dia teve para você ou para o outro lado? Parece que voltamos ao que escolhe guardar (o que "perdeu" ou a "perda"). Por isso, vez em quando, pode ser boa ideia renovar votos com suas escolhas, pergunte-se: continuam fazendo sentido? Se sim, deixe-as saber. Se não, busque saber o porquê (de ainda insistir nelas).

[Sim, você já leu isso em algum lugar e essa sensação vai se repetir, um pouco mais, a partir daqui.]

Resumindo: frente a outro significado, a limitação (causada por um trauma, por exemplo) será substituída pelo efeito não só da ressignificação (ampliação), mas da habilidade adquirida de ressignificar (buscar opções, encontrá-las, ter escolha, escolher). É momento de superação da dor para além do alívio: prazer.

VOCÊ É HUMANO: marcado por uma falta que nunca será satisfeita

Ficou uma lacuna, ali. Percebeu?
Hum-hum... Percebi, sim.
Mas antes dela, que tal um pouco mais sobre "para além do alívio: prazer"?
Ok. Ao contrário do alívio, prazer fala de algo que você não deseja que acabe. Alívio, antes, exige o indesejável[24]. É como comparar "Ah, já acabou?" com "Ufa! Acabou!".
E se eu tiver prazer no alívio?
Vamos do velho exemplo da bexiga cheia (risos)? Esvaziar a bexiga aos quarenta e cinco minutos do segundo tempo provavelmente causará alívio, mas aquele gemidinho do final significa o quê? Talvez o que você chamou de prazer no alívio.
Nesse caso, se por descuido condicionar prazer ao alívio, o que buscará?
A bexiga cheia.
Pois é. Por quanto tempo a bexiga suportará isso? Que consequências esse hábito pode trazer? Estamos falando de um limite que pode ser ampliado? Deixo de lição de casa para você.
Ah, essas perguntas também valem para o seu "sistema 'excretor' psicológico", afinal, quantas vezes você viu "escorrer", por onde não devia, aquilo que não teve seu curso natural respeitado?
Quanto à lacuna, ficou mesmo. A essa altura, você já sabe que o que direi não a preencherá, já que, não há como extinguir a falta.
[Aliás, é provável que, ao final dessa conversa, haja mais lacunas do que em seu início, porém em outro nível da espiral.]

---

24 Há resultados desejáveis que exigem situações indesejáveis. No entanto, há sentido em vivenciá-las enquanto acredite serem caminho para a satisfação. Isso pode até valorizar (não só) o que enfrentou. Nesse caso, você não está evitando que algo aconteça, mas fazendo por onde acontecer.

Não há como extinguir a falta, mas dá para reforçar as trocas, né?
Sim... vamos lá! Ressignificação fala da possibilidade de outros ângulos, de novo sentido para mesma experiência. Por exemplo: um preço, até então alto demais, encontrar recursos para alcançar a condição de valor.

Uma vez valorosa, a experiência torna-se suporte, não resistência para transpor limites que, inclusive, nela mesma residam.

Ok, mas há possibilidade do inverso.

Espere! Preciso de um minuto. Res-sig-ni-fi-car... ah, sim aqui! Bem... se o dicionário não menciona qual sentido o novo significado deve tomar, podemos supor que dê para ressignificar para mais de um lado (risos).

Claro! Tenho um exemplo disso: duvidei do que vivi, quando percebi que não poderia mais vivê-lo, quando vi todo meu investimento reduzido a pó!

Será que você transformou valor em preço?

Bem provável! Como tanto pôde se transformar em nada? Se, do nada, não estava mais lá, será que um dia esteve?

[Se um dia esteve, foi porque você assim o enxergou e, convenhamos, o "do nada" é questionável.]

Onde não estava? É temporal? O tempo pode levar o que você viveu? Se sim, para onde leva? Para um lugar que você já não visita mais? Que lugar é esse?

Seria aquele banco de dados no qual guarda todas as suas experiências de vida? Nele, apenas uma pessoa tem permissão para alterações, a qualquer tempo. Lembra quem é?

A permanência do que trocou depende da presença física dos objetos com os quais trocou?

Estou me sentindo bombardeado (risos). Não! Não se preocupe, sobreviverei! 😟

Quer dar uma pausa?

Não! Vamos aproveitar que peguei no tranco!

Ok. Como pode saber o que "está" ou não no objeto? Mal dá conta de saber o que "está" em você! O que viveu está no encontro; o encontro aconteceu em você, entre o que buscava e o que recebeu.

Pasme! Se o que recebeu depende mais de você e menos do que foi oferecido, imagine o que fica? O que decide o que fica não é o que vai.

Se algo pode ser considerado de seu controle é o que você troca. Prova disso é sua capacidade de transformar valor em preço e vice-versa. Foi o que percebeu que poderia fazer quando duvidou de um valor que já viveu. Alguém mais pode fazer isso por você?

Não.

O que mantém uma relação?

O valor.

O valor (das trocas). Quando o objeto já não mais oferece o que um dia ofereceu, afeta seu valor? Ou melhor, quando você já não recebe mais do objeto o valor que um dia recebeu, afeta a relação? Se, por algum motivo, você passa a acreditar que outro objeto possa oferecer mais, cogita trocar de objeto? Compara, faz contas ainda durante a relação com o objeto atual?

Depende! Do que estamos falando (risos)?

Ah... isso é com você! Notei que em seis momentos desta conversa pinçou recortes amorosos. Essa é a primeira vez em que abre o leque de possibilidades (risos).

Voltando...

Tá. Sim, quando não recebo mais do objeto o valor que um dia recebi, afeta negativamente a relação.

Vê? O valor está menos no objeto e muito mais no que trocaram.

Isso é difícil admitir!

Sabe por quê? Eu enxergo três dores (não necessariamente nessa ordem de importância). Você descobrirá outras.

Primeiro, porque quando admite, inclui-se, já que nas trocas, seu valor também passa pelo crivo do que o objeto recebe de você[25] [assim como o valor dele (para você) passa pelo crivo do que recebe dele].

Você está querendo dizer que meu valor é dado pelo objeto?

Mais precisamente, percebido. Seu valor é percebido (por você e pelo mundo) pelo valor que o mundo recebe de você. Só não

---

[25] Repare na importância do autoconhecimento, (re)conhecer o próprio valor para não cair na armadilha de sujeitá-lo a mundos que não o reconheçam. Entretanto, para reconhecerem, antes, precisam conhecer. 😊

esqueça que um objeto é apenas um recorte de um mundo, entre muitos outros possíveis.
Ao mesmo tempo em que faz sentido, isso piora as coisas, já que sempre faltará algo!
Ainda bem! Assim, você terá com quem trocar seus novos repertórios! Sem contar que tudo o que ofereço pode ser nada para o objeto!
Hum-hum... para um mundo também. Até o dia em que pode ser tudo e vice-versa. Cabe a você manter sua conta positiva, avaliar o quanto (pode) investir diante do que acredita lucrar.
Segundo, pelo que poderíamos chamar de segunda maior angústia do humano, se de perto não deixasse de ser apenas a primeira: morrer. Nesse caso, morrer para um objeto (pelo qual já viveu).
Imagine, deixar de ser considerado (visto, reconhecido) por uma pessoa ou um grupo do qual fazia parte, "perder" o lugar contra sua própria vontade. Pior: saber que alguém o ocupa e passará a receber o que você julgava seu (eis a terceira dor).
Já vivi isso! Foi a morte! Acredita que só tinha eu mesmo no meu velório?
Não acredito, não. Você estava acompanhado da dor de admitir que nada foi seu, salvo a ilusão de que era (a ponto de duvidar do valor que teve).
Duvidei, mas se não tivesse valor, por que seria tão doloroso perder, né?
Boa! Não sei o que perdeu, só sei que não foi o objeto. Não há como perder o que não tem.
Perdi o valor! Se o que ofereci deixou de ter valor, que valor tenho? Será que um dia tive?
Deixou de ter valor para quem? Duvidou de seu próprio valor? Assim como o seu valor, o valor do que recebeu está em você, tanto que pode oferecê-lo quando e a quem bem entender.
Superada(?) essa parte (risos)... Quando disse "há como reforçar as trocas", no que pensou?
Na parte de me deixarem saber que foi bom.
Deixe-me ver se entendi... Se apesar da relação virar pó, você soubesse do valor que teve, doeria menos?
Sim.

Com a ideia de que não são 5 passos

Por que não sabe? Será que, ao longo da relação, você percebeu o valor? Se sim, onde o guardou? Se não, por que seguiu investindo? De onde veio o reforço? Sua resposta está lá.

Sabe o que percebo quando você diz "duvidei do que vivi, porque entendi que não mais poderia vivê-lo"?

Só saberei se me contar (risos).

Percebo: "Não terei mais retorno de meus investimentos". Entretanto, é o que eu percebo, não necessariamente o valor que tem[26]. Percebo porque vejo a dor da "perda", no mínimo, proporcional ao investimento com intenção da posse. Assim: "Se não é mais 'meu', será que um dia foi?". "Investi a fundo perdido?". "Que destino darão aos 'meus' proventos?". "Quero meu investimento de volta!".

Meu maior investimento foi tempo, Sofia. Quando vi meu tempo sem valor, morri. Sim, só pensava em tê-lo de volta.

A boa notícia é que, a julgar pela dor da perda, presume-se que o investimento foi significativo.

Significativo e longo!

Então foi reforçado (houve lucro)! Pergunta que não cala: o que ganhou? Onde guardou? Ou será que ofereceu o que não tinha apenas para evitar algo ("a perda")?

Sabe aquela pergunta de filme: "Foi bom para você"? Ela é ótima. Fica melhor quando a faz a si mesmo, ainda no calor da emoção. Houvesse algum caminho para garantir final feliz, seria esse.

Não entendi.

Guarde o (que viveu de) bom de tal modo que, se duvidar dele, o único diálogo possível consigo mesmo seja:

— Foi bom para você?

— Não foi. O bom permanece.

Isso não é fácil de confessar, mas não sei onde guardei. Para procurá-lo, precisaria voltar lááááááá onde aconteceu (sei que aconteceu).

["Lááááááá": um exato ponto de percepção num dado momento do espaço-tempo.]

---

[26] Isso estende-se a tudo o que trocamos. Para você, terá exatamente o valor que perceber, enquanto o perceber. Se deixar de perceber, perderá o valor? Só posso responder pelo que sei onde guardei (risos).

Hum-hum... Quem pode fazer isso por você?

Ninguém. 🙁

Por essas e outras, que tal cuidar da beleza do que e onde guarda? Afinal de contas, é economicamente mais vantajoso do que ressignificar duas vezes, né? Se uma já dá trabalho...

Sem contar que isso envolveria ofensa e possível somatização. Caro, né? Fique tranquilo, para além do tempo, a beleza sempre estará lá, disposta (inclusive à ressignificação).

[Silêncio.]

Ei! Mudamos de assunto e fiquei sem definição, digo, descrição de felicidade!

Vamos fazer um *link* de tudo? Se o durante é a imortalidade da beleza, feliz é o momento (em) que desejou imortalizá-la, felicidade é saber-se capaz de enxergá-la (para que atue desde então).

Poético, mas... também posso imortalizar recortes não tão belos.

Tem razão! É uma escolha. Nada mais do que um comportamento. Você sabe o que o mantém? Por isso é tão importante saber o que deseja, afinal, "a beleza está nos olhos de quem a vê".

Saber (que sabe) o que não é belo já é um belo passo, querido caminhante: agora, você tem opções. Qual é sua escolha?

Em outras palavras: quanta felicidade você é capaz de "suportar"?

[Parece que voltamos à questão do autoconhecimento (risos).]

Bem-vindo a (felicidade para) você. ❤

🙏 MODPUA IVHP

REFERÊNCIAS DAS CITAÇÕES

I FREUD, S. *A interpretação dos sonhos (II) e sobre os sonhos*. Rio de Janeiro: Imago, 1996. Vol. 5.

II. SKINNER, B. F. *Ciência e comportamento humano*. Tradução: João Carlos Todorov, Rodolfo Azzi. 11. ed. São Paulo: Martins Fontes, 2003.

III. FREUD, E. L. (Ed.). *Letters of Sigmund Freud*. Tradução: Tania e James Stern. New York: Basic Books, 1960. p. 11.

IV. SIDMAN, M. *Coerção e suas implicações*. Tradução: Maria Amália Andery, Tereza Maria Sério. Campinas: Livro Pleno, 2009.

V. KÜBLER-ROSS, E. *Sobre a morte e o morrer*. Tradução: Paulo Menezes. São Paulo: Martins Fontes, 1981.

VI. MUSEU VILLA-LOBOS. *Presença de Villa-Lobos*. Rio de Janeiro: 1981. p. 27. Vol. 12.

VII. LIVIO, M. *Razão áurea:* a história de Fi, um número surpreendente. Tradução: Marco Shinobu Matsumura. Rio de Janeiro: Record, 2006.

VIII. LACAN, J. *O Seminário, livro 23:* o sinthoma. Tradução: Sergio Laia. Rio de Janeiro: Jorge Zahar, 2007. p. 133.

IX. BRUNTON, L. L.; CHABNER, B. A.; KNOLLMANN, B. C. (org.). *As bases farmacológicas da terapêutica de Goodman e Gilman*. Tradução: Augusto Langeloh, Beatriz Araújo do Rosário, Carlos Henrique de Araújo Cosendey, Denise Costa Rodrigues, Maria Elisabete Costa Moreira, Patricia Lydle Voeux. 12. ed. Porto Alegre: AMGH Editora Ltda., 2012.

X. SKINNER, B. F. *Sobre o behaviorismo*. Tradução: Maria da Penha Villalobos. 7. ed. São Paulo: Cultrix, 2002. p. 188.

SOBRE A AUTORA

Quando me solicitaram um currículo para colocar aqui, pensei: em tempos de Internet, quem precisa de um currículo?

Até porque, hoje, currículos só servem para você saber o nome que deve procurar na Internet, né?

Só para não passar em branco, adianto que sou Analista do Comportamento, Bacharel em Psicologia. Desde 2015, dedico-me, dentro e fora do consultório, a escutar gente da forma que nunca fui escutada.

O que veio antes disso?

Antes disso, eu "conversava" com máquinas e tinha preguiça de gente. Essa parte eu conto, mas não é neste livro.

Pronto! Se você se identificou com preguiça de gente, já tem um nome para procurar na Internet.